essentials

Essentials liefern aktuelles Wissen in konzentrierter Form. Die Essenz dessen, worauf es als „State-of-the-Art" in der gegenwärtigen Fachdiskussion oder in der Praxis ankommt. *Essentials* informieren schnell, unkompliziert und verständlich

- als Einführung in ein aktuelles Thema aus Ihrem Fachgebiet
- als Einstieg in ein für Sie noch unbekanntes Themenfeld
- als Einblick, um zum Thema mitreden zu können

Die Bücher in elektronischer und gedruckter Form bringen das Fachwissen von Springerautor*innen kompakt zur Darstellung. Sie sind besonders für die Nutzung als eBook auf Tablet-PCs, eBook-Readern und Smartphones geeignet. *Essentials* sind Wissensbausteine aus den Wirtschafts-, Sozial- und Geisteswissenschaften, aus Technik und Naturwissenschaften sowie aus Medizin, Psychologie und Gesundheitsberufen. Von renommierten Autor*innen aller Springer-Verlagsmarken.

Peter S. Przewieslik

Franchise bei Pflegeimmobilien

Springer Gabler

Peter S. Przewieslik
München, Deutschland

ISSN 2197-6708 ISSN 2197-6716 (electronic)
essentials
ISBN 978-3-658-51679-6 ISBN 978-3-658-51680-2 (eBook)
https://doi.org/10.1007/978-3-658-51680-2

Die Deutsche Nationalbibliothek verzeichnet diese Publikation in der Deutschen Nationalbibliografie; detaillierte bibliografische Daten sind im Internet über https://portal.dnb.de abrufbar.

Springer Gabler ist ein Imprint der eingetragenen Gesellschaft Springer Fachmedien Wiesbaden GmbH und ist ein Teil von Springer Nature.
Die Anschrift der Gesellschaft ist: Abraham-Lincoln-Str. 46, 65189 Wiesbaden, Germany

Was Sie in diesem *essential* finden können

- Was versteht man unter Franchise?
- Was sind die rechtlichen Grundlagen eines Franchisevertrages?
- Welche Regelungsinhalte sollten in Franchiseverträgen enthalten sein?
- Welche Besonderheiten gibt es im Bereich des „Pflegefranchise"?

Vorwort

Wer in der Immobilienbranche tätig ist, beschäftigt sich früher oder später mit der Assetklasse der *„Pflegeimmobilien"*. Derartige Engagements reichen von reinem betreutem Wohnen mit einzelnen mehr oder weniger umfangreich angebotenen Zusatzleistungen wie z. B. Hausmeisterdiensten oder Pflegeleistungen über Tagespflegeeinrichtungen bis hin zu stationären Pflegeheimen oder gar Hospizen.

Angesichts der demographischen Entwicklung ist ein jährlich steigender Bedarf an Pflegeplätzen anzunehmen, der bis in das Jahr 2050 auf ca. sechs Millionen geschätzt wird. Eine große Herausforderung nicht nur bezüglich des reinen „Platzbedarfes", sondern überdies auch im Bereich der Pflegedienstleistenden. Aufgrund diverser Faktoren erscheint der Beruf des *„Pflegenden"* im weitesten Sinne als wenig attraktiv. Das Rekrutieren von ausländischen Pflegekräften erweist sich angesichts der Vielzahl gesetzlicher Regularien, Sprachbarrieren und lukrativen Konkurrenzangeboten aus dem Ausland gleichsam als Herausforderung.

Dem *„Pflegeunternehmen"*, das seine Marktpräsenz ausbauen möchte, stehen – von einem rein gesellschaftsrechtlichen Blickwinkel heraus betrachtet – grundsätzlich zwei Optionen zur Verfügung. Zum einen ist denkbar, seine eigene gewerbliche Betätigung durch Gründung einer Tochtergesellschaft, durch Errichtung einer selbstständigen oder unselbständigen Niederlassung o.ä. zu erweitern. Diese Vorgehensweise birgt, je nach konkreter Ausgestaltung, allerdings das Risiko, dass einzelne, möglicherweise nicht rentable Standorte, die gesamte Gesellschaft in eine wirtschaftliche Schieflage bringen können. Die Anzahl der Insolvenzverfahren von Unternehmen in der Pflegebranche zeigen dies deutlich.

Vor diesem Hintergrund kommt in Betracht, eine Risikodiversifizierung dergestalt vorzunehmen, dass anstelle eines eigenen Finanz- und Personaleinsatzes Einnahmen durch Abschluss von Franchiseverträgen generiert werden. Allerdings erweist sich der Abschluss von Franchiseverträgen in der ***„reinen Pflege“***, gerade auch mit Blick auf die gesetzlichen Vorgaben – so beispielsweise der Regelungsinhalt von § 72 Sozialgesetzbuch (SGB) - Elftes Buch (XI) - Soziale Pflegeversicherung (Zulassung zur Pflege durch Versorgungsvertrag) – als hochkomplex.

München
im Februar 2026

Peter S. Przewieslik

Inhaltsverzeichnis

1 Einführung

Das Bürgerliche Gesetzbuch (BGB) ist in fünf Bücher aufgeteilt; in Buch 1 (BGB -Allgemeiner Teil) sind, wie sich bereits aus dem Titel ergibt, allgemeine Regelungen enthalten, welche es im Rechtsverkehr zu beachten gibt. Das Buch 2 (BGB – Schuldrecht) gibt Regelungsinhalte vor, die sich auf rechtliche Beziehungen zwischen Personen beziehen, aufgrund dessen bestimmte Leistungen verlangt bzw. nicht verlangt werden können. Es ist gleichsam untergliedert in einen Allgemeinen Teil, der auf sämtliche Schuldverhältnisse Anwendung findet, und einen Besonderen Teil, in welchem der Gesetzgeber für bestimmte typische Vertragsarten teilweise zwingende Vorgaben normiert hat (so z. B. für Kauf-, Miet- oder Dienstleistungsvertrag).

Bezüglich des Franchisevertrages enthält der Besondere Teil des Schuldrechtes keine speziellen Regelungen; der Gesetzgeber hat hier auf eine Typisierung verzichtet. Dies bedeutet, dass das Vertragsverhältnis zwischen den beiden Parteien – dem Franchisegeber und dem Franchisenehmer – im Wesentlichen durch den Franchisevertrag selbst, ergänzt durch allgemein anwendbare gesetzliche Vorgaben geprägt ist. Demzufolge kommt dem Franchisevertrag und seiner Ausgestaltung eine entscheidende Bedeutung zu.

Die wirtschaftliche Bedeutung der Franchisebranche wächst kontinuierlich: 2024 erwirtschafteten die rund 890 in Deutschland aktiven Franchisesysteme gemeinsam mit ihren etwa 148.577 Franchisepartnerinnen und -partnern sowie über 829.736 Mitarbeitenden einen Umsatz von 149,2 Mrd. Euro – Tendenz weiter steigend (Angaben: Deutscher Franchiseverband e. V.)

Der Autor Peter S. Przewieslik (General Counsel der Fondara Immobilien AG, Partner der Kanzlei trustberg. und Dozent für Immobilienrecht an der Hochschule

P. S. Przewieslik, *Franchise bei Pflegeimmobilien*, essentials,
https://doi.org/10.1007/978-3-658-51680-2_1

Fresenius, Hamburg) steht interessierten Leserinnen und Lesern respektive Protagonisten in der Pflegebranche bei der Abfassung von diesbezüglichen Franchiseverträgen gerne zur Verfügung. Rückfragen gerne an unter peter.przewieslik@trustberg.com.

2 Pflegedienstleistungen als Gegenstand eines Franchisevertrages

Der Pflegemarkt ist von eminent wichtiger Bedeutung, bedenkt man den, der demographischen Entwicklung geschuldeten, Bedarf an Pflegeeinrichtungen.

Gleich ob es sich um betreutes Wohnen mit mehr oder weniger additiven Pflegeleistungen, um Tagespflegeeinrichtungen oder stationäre Pflegeeinrichtung handelt, sollte ein Betreiber nicht nur über detaillierte (Markt-)Kenntnisse verfügen, sondern hat auch bundes- sowie spezielle landesrechtliche Vorgaben zu beachten.

Exemplarisch sei auf Landesebene für Bayern auf das Gesetz zur Regelung der Pflege-, Betreuungs- und Wohnqualität im Alter und bei Behinderung (Pflege- und Wohnqualitätsgesetz – PfleWoqG) sowie die Verordnung zur Ausführung des Pflege- und Wohnqualitätsgesetzes verwiesen.

Auf Bundesebene sind beispielsweise in § 37c Sozialgesetzbuch (SGB) Fünftes Buch (V) – Gesetzliche Krankenversicherung – Regelungen betreffend der außerklinische Intensivpflege beinhaltet.

Gerade mit der Erbringung von Dienstleistungen in der Pflege kann nun aber durch einen Unternehmer nicht auf Basis einer simplen Gewerbeanmeldung begonnen werden. So sieht beispielsweise § 72 Absatz 1 Sozialgesetzbuch (SGB) – Elftes Buch (XI) – Soziale Pflegeversicherung (Zulassung zur Pflege durch Versorgungsvertrag) vor, dass die Pflegekassen ambulante und stationäre Pflege nur durch Pflegeeinrichtungen gewähren dürfen, mit denen ein Versorgungsvertrag besteht (zugelassene Pflegeeinrichtungen). Träger von Pflegeeinrichtungen können dabei natürliche oder juristische Personen sein, die für den Betrieb, das Personal und die Kosten der Pflegeeinrichtungen verantwortlich zeichnen. Üblicherweise erfolgt eine Differenzierung in öffentliche, freigemeinnützige Träger (zu nennen sind exemplarisch kirchliche Einrichtungen wie die Caritas oder Diakonie) und in private Träger. In dem mit diesen abzuschließenden Versorgungsvertrag sind dabei

P. S. Przewieslik, *Franchise bei Pflegeimmobilien*, essentials,
https://doi.org/10.1007/978-3-658-51680-2_2

Art, Inhalt und Umfang der allgemeinen Pflegeleistungen (§ 84 Abs. 4 SGB XI) festzulegen, die von der Pflegeeinrichtung während der Dauer des Vertrages für die Versicherten zu erbringen sind (Versorgungsauftrag).

Weitergehend erweisen sich beispielsweise die §§ 112 ff. SGB XI von Relevanz, welche sich mit der Qualitätssicherung sowie sonstigen Regelungen zum Schutz der Pflegebedürftigen auseinandersetzen. Danach bleiben die Träger der Pflegeeinrichtungen unbeschadet des Sicherstellungsauftrags der Pflegekassen (§ 69 SGB XI), für die Qualität der Leistungen ihrer Einrichtungen einschließlich der Sicherung und Weiterentwicklung der Pflegequalität verantwortlich. Maßstäbe für die Beurteilung der Leistungsfähigkeit einer Pflegeeinrichtung und die Qualität ihrer Leistungen sind die für sie verbindlichen Anforderungen in den Vereinbarungen nach § 113 SGB XI sowie die vereinbarten Leistungs- und Qualitätsmerkmale (§ 84 Absatz 5 SGB XI).

Die zugelassenen Pflegeeinrichtungen sind, so der Regelungsinhalt von § 112 Absatz 2 SGB XI, verpflichtet, Maßnahmen der Qualitätssicherung sowie ein Qualitätsmanagement nach Maßgabe der Vereinbarungen nach § 113 SGB XI durchzuführen und bei Qualitätsprüfungen nach § 114 SGB XI mitzuwirken. Bei stationärer Pflege erstreckt sich die Qualitätssicherung neben den allgemeinen Pflegeleistungen auch auf die medizinische Behandlungspflege, die Betreuung, die Leistungen bei Unterkunft und Verpflegung (§ 87 SGB XI) sowie auf die Zusatzleistungen (§ 88 SGB XI).

Vor diesem Hintergrund dieser staatlichen Regulative stellt die Abfassung eines Franchisevertrages in der Pflegepraxis durchaus eine Herausforderung dar, die das Zurückgreifen auf „einfache Vertragsmuster“ als wenig sachdienlich erscheinen lassen.

Vor- und Nachteile eines Franchisevertrages in der Pflege

3

Wie jegliche dauerhafte Verbindung zweier Vertragsparteien, bietet auch der Franchisevertrag Vor- und Nachteile, die im Vorfeld jeweils einer dezidierten Abwägung auf Basis der gegenseitigen Interessenlage bedürfen.

Potentielle Vorteile (exemplarisch)	Potentielle Nachteile (exemplarisch)
Markennutzung: Der Franchisenehmer kann auf eine im Markt bekannte Marke zurückgreifen und von derselben schnell profitieren.	Marktdurchdringung: Der Franchisegeber unterliegt der Gefahr, dass seine Marke durch ein fehlerhaftes Verhalten des Franchisenehmers erheblich beeinträchtigt wird.
Marktdurchdringung: Der Franchisegeber kann durch den Aufbau eines Franchisenetzes seine Marktpräsenz und –durchdringung sowie seinen Bekanntheitsgrad nachhaltig steigern.	Betriebsrisiko: Der Franchisenehmer trägt das eigene, volle Betriebsrisiko, was gerade mit Blick auf die Gewinnung von Pflegepersonal erheblich sein kann.
Unterstützungsleistungen: Der Franchisenehmer kann von Unterstützungsleistungen des Franchisegebers gerade im Verhältnis zu den Pflegebehörden profitieren.	Franchisegebühr: Der Franchisenehmer sieht sich mit einer dauerhaften Zahlung der Franchisegebühr belastet, was mit Blick auf die gedeckelte Einnahmesituation bei Kassenabrechnungen den Gewinn nachhaltig beeinträchtigen kann.
Qualifizierte Pflegeprozesse: Der Franchisenehmer kann auf bereits erprobte, qualifizierte Pflegeprozesse zurückgreifen.	Überscheidungen Prozessvorgaben zu Qualitätssicherung und –managment Der Franchisenehmer kann einem Spannungsfeld gesetzlicher Qualitätssicherungs- und mangagementvorgaben und Franchisevorgaben ausgesetzt sein.
Einnahmen: Der Franchisegeber kann dauerhafte Franchisegebühren generieren, ohne selbst mit den operativen Risiken eines Pflegebetriebes belastet zu sein.	

P. S. Przewieslik, *Franchise bei Pflegeimmobilien*, essentials, https://doi.org/10.1007/978-3-658-51680-2_3

4 Vorvertragliche Rechtspflichten

Nach ständiger Rechtsprechung des Bundesgerichtshofs besteht bei Vertragsverhandlungen zwar keine allgemeine Rechtspflicht, den anderen Teil über alle Einzelheiten und Umstände aufzuklären, die dessen Willensentschließung beeinflussen könnten. Vielmehr ist grundsätzlich jeder Verhandlungspartner für sein rechtsgeschäftliches Handeln selbst verantwortlich und muss sich deshalb die für die eigene Willensentscheidung notwendigen Informationen auf eigene Kosten und eigenes Risiko selbst beschaffen. Grundsätzlich obliegt es daher der Verantwortungssphäre eines jeden Unternehmers, sich mit den seine Unternehmung betreffenden Marktverhältnissen vertraut zu machen sowie die hiermit einhergehenden Chancen und Risiken selbständig zu bewerten. Daher ist es zunächst einmal an dem Franchisenehmer, sich mit den einschlägigen Marktverhältnissen vertraut zu machen.

Allerdings entsteht durch die Aufnahme von Vertragsverhandlungen ein vorvertragliches Vertrauensverhältnis mit gegenseitigen Schutzpflichten gemäß §§ 311 Absatz 2, 241 Absatz 2 BGB. Gerade bei dem Abschluss eines Franchisevertrages gilt es zu bedenken, dass der Franchisegeber einen evidenten Wissensvorsprung betreffend seines Franchiseproduktes besitzt. Er kennt sein System und die damit verbundenen Chancen und Risiken im Detail, während der Franchisenehmer üblicherweise ein diesbezügliches Defizit aufweist.

Im Allgemeinen gilt daher der Grundsatz, dass bereits mit der initialen Kontaktaufnahme der Parteien des Franchisevertrages eine Verpflichtung des Franchisegebers besteht, seinen potenziellen künftigen Vertragspartner über die wesentlichen Grundlagen, vor allem die wirtschaftlichen Gegebenheiten, in Kenntnis zu setzen. Was konkret offenbart werden muss, wird letzen Endes eine Frage des

P. S. Przewieslik, *Franchise bei Pflegeimmobilien*, essentials,
https://doi.org/10.1007/978-3-658-51680-2_4

Einzelfalles sein. Allerdings wird man davon ausgehen müssen, dass der Franchisegeber mindestens Informationen über

- sein Franchiseunternehmen (so beispielsweise Gründung, Umsätze, Entwicklung etc.)
- die Struktur seines Franchisesystems,
- seine Leistungen innerhalb des Franchisesystems,
- bestehende Franchisebetriebe, ggfs. auch gescheiterte Franchiseunternehmungen,
- Vergleichswerte von bestehenden Franchisebetrieben (so beispielsweise in Bezug auf Umsätze, Kostenaufstellungen und Gewinne, soweit bekannt),
- Höhe erforderlicher Investitionen,
- die Wettbewerbssituation,
- die Rentabilität des in Rede stehenden Franchisebetriebes unter Offenlegung der entsprechenden Berechnungsgrundlagen mit sämtlichen typischen Kosten und Aufwendungen

zu erteilen hat.

Dabei muss der Franchisegeber seine Angaben auf realen Zahlen fußen lassen; dies vor allem mit Blick auf die Rentabilität einer Franchiseunternehmung. Denn die Frage, ob und in welcher Höhe Gewinne erwirtschaftet werden können, wird in den allermeisten Fällen eines der wesentlichen Momente für den Franchisenehmer darstellen, um sich für oder gegen den Abschluss eines Franchisevertrages zu entscheiden. Schätzungen eines Franchisegebers dürften sich in diesem Kontext lediglich dann als möglich erweisen, wenn diesem konkrete Zahlen anderer Franchisebetriebe – beispielsweise bei einem neu etablierten Franchisesystem – noch nicht vorliegen und dies dem Franchisenehmer explizit kundgetan wird.

Dem Franchisenehmer muss weitergehend ausreichend Zeit zur Verfügung stehen, sich mit den erteilten Informationen vertraut zu machen und diese zu verifizieren. Auch an dieser Stelle wird es eine Frage des Einzelfalles sein, ob dem Franchisenehmer vor Abschluss des Vertrages genügend Zeit eingeräumt wurde oder nicht. Im Wesentlichen wird es darauf ankommen, wieviel Zeit ein durchschnittlicher Unternehmer hätte aufwenden müssen, um sich sachgerecht mit der konkreten Fülle von Informationen und der ggf. gegebenen Komplexität des Franchisesystems auseinanderzusetzen. Bedenkt man in diesem Zusammenhang die Vorgaben des § 17 Absatz 2a) Beurkundungsgesetz, wonach der beurkundende Notar bei Verbraucherverträgen, die der Beurkundungspflicht nach § 311b Absatz 1 Satz 1 und Absatz 3 des Bürgerlichen Gesetzbuchs unterliegen, dem Verbraucher den beabsichtigten Text des Rechtsgeschäfts im Regelfall zwei Wochen vor Beurkundung zur Verfügung gestellt haben soll, dürfte bei Franchiseverträgen ein Prüfzeitraum von weniger als zwei Wochen als durchweg problematisch anzusehen sein und realistischerweise auf seinen solchen von bis zu vier Wochen rekurriert werden.

Verletzt der Franchisegeber seine vorvertraglichen Aufklärungspflichten, so kann dies gravierende Folgen nach sich ziehen.

So kann derjenige, der zur Abgabe einer Willenserklärung durch arglistige Täuschung bestimmt worden ist, die Erklärung gemäß § 123 Absatz 1 BGB anfechten. Von einer solchen ist auszugehen, wenn jemand vorsätzlich bei einem anderen einen Irrtum hervorruft, um diesen zur Abgabe einer Willenserklärung zu veranlassen. Die Täuschung kann dabei durch verschiedene Handlungen erfolgen, namentlich die Vorspiegelung falscher Tatsachen oder das Verschweigen wahrer Tatsachen, so denn eine Pflicht zur Offenbarung der verschwiegenen Tatsache besteht.

Selbst wenn die Tatbestandsvoraussetzungen einer arglistigen Täuschung nicht vorliegen sollten, können auch falsche Angaben des Franchisegebers analog den Täuschungsfällen im Kaufvertragsrecht zu Rechtsnachteilen führen. Falsche Angaben des Verkäufers über Eigenschaften der Kaufsache, die nicht Gegenstand einer Beschaffenheitsvereinbarung geworden sind, können einen Anspruch des Käufers auf Schadensersatz aus der Verletzung vorvertraglicher Pflichten auslösen. Neben Gewährleistungsrecht besteht ein Anspruch aus vorvertraglicher Aufklärungspflichtverletzung aber nur dann, wenn dem Verkäufer Vorsatz zur Last fällt, da anderenfalls die Wertungen des Gewährleistungsrechts – etwa die kenntnisunabhängige Verjährung von zwei Jahren (§ 438 Absatz 1 Nr. 3 BGB) oder Haftungsbeschränkungen - überspielt werden könnten. Die Gefahr eines solchen Widerspruchs besteht mit Blick auf die Wertung von §§ 444, 276 Absatz 3 BGB bei vorsätzlichen vorvertraglichen Pflichtverletzungen nicht. Der geschädigte Franchisenehmer kann in diesem Kontext ggf. nach seiner Wahl gemäß §§ 311, 280, 249 Absatz 1 BGB auch die Aufhebung und Rückgängigmachung des Franchisevertrages verlangen.

Die Frage, ob und in welchem Umfang der Franchisegeber den Franchisenehmer informiert hat und ob die erteilte Information als zutreffend anzusehen waren oder nicht, wird im Regelfall bei Durchführung eines streitigen Gerichtsverfahrens nur im Rahmen einer umfangreichen Beweisaufnahme zu klären sein. In der Praxis empfiehlt es sich daher für den Franchisegeber in jedem Fall, umfangreich schriftlich zu dokumentieren, welche Informationen er zur Verfügung gestellt hat. Anzuraten bleibt den Parteien eines Franchisevertrages insoweit eine separate Regelung einschließlich einer korrespondierenden Anlage in das Vertragswerk aufzunehmen, um vor bzw. im Kontext des Vertragsabschlusses entsprechende Klarheit über die diesbezüglich relevanten Momente zu schaffen. Gleichsam sollte der Franchisegeber darauf achten, dass von ihm getätigte Renditeberechnungen bzw.

Renditeprognosen keine Zusicherungen darstellen, sondern lediglich Annahmen auf Basis vorhandener Kennzahlen und Daten, sodass ihm bei enttäuschten Erwartungen des Franchisenehmers im Streitfalle insoweit keine Verantwortlichkeit zugewiesen werden kann.

Der Franchisevertrag – Allgemeines 5

5.1 Rechtsbeziehungen

5.1.1 Franchisegeber – Franchisenehmer

Der Franchisevertrag stellt, wie hervorgehoben, die wesentliche Grundlage für die Rechtsbeziehungen zwischen Franchisegeber und Franchisenehmer dar.

Im Wesentlichen kann man diesen in zwei große Themenkomplexe aufteilen. Zum einen sind die unmittelbaren Rechte und Pflichten zwischen den beiden Vertragsparteien selbst vertraglich zu fixieren. Diese beziehen sich – exemplarisch – im Wesentlichen auf Laufzeit, Franchisegegenstand, Entgelte, Wettbewerbsverbote, Informations- und Rechnungslegungspflichten etc. Zum anderen finden sich Regelungen bezüglich des Franchisesystems per se, die sich zumeist in einem sog. *„Systemhandbuch"* befinden und sich beispielsweise auf Vorgaben zum Markenauftritt, Prozessabläufen oder – wie im Pflegebereich üblich – solchen zu Qualitätsmanagement beziehen.

P. S. Przewieslik, *Franchise bei Pflegeimmobilien*, essentials,
https://doi.org/10.1007/978-3-658-51680-2_5

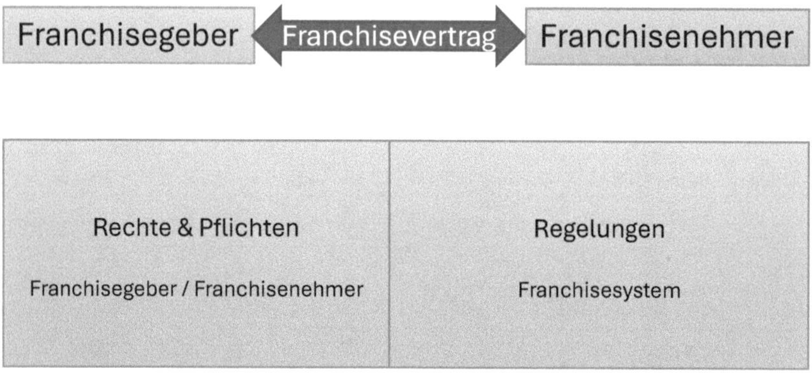

5.1.2 Franchisenehmer – Dritte

Nachdem der Franchisenehmer als eigenständiger Unternehmer auf dem Markt agiert, tritt er im Rahmen seines Geschäftsbetriebs mit einer Vielzahl Dritter in geschäftliche Beziehungen. Zu denken sind hierbei an Arbeitsverträge mit Pflegepersonal, an Mietverträge über zur Pflege geeigneter Räumlichkeiten, Lieferanten- und Versorgungsverträge und viele mehr.

Wenngleich der Franchisenehmer hier über eine größtmögliche eigene Vertrags(abschluss)freiheit verfügt, kann es je nach Ausprägung des Franchisevertrages dazu kommen, dass der Franchisegeber auch insoweit Vorgaben bezüglich der Ausgestaltung einzelner Verträge mit Dritten in dem Franchisevertrag oder einem zur Anwendung gelangenden *„Systemhandbuch"* getätigt hat. Man mag insoweit auf Vorgaben bezüglich bestimmter Lieferanten, dem Erwerb bestimmter zum Einsatz gelangender Produkte, Ausgestaltung von Räumlichkeiten und Renovierungsturnen etc. denken.

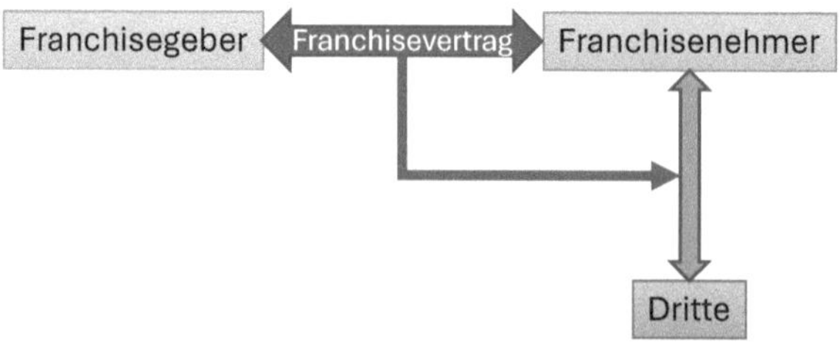

5.2 Recht der Allgemeinen Geschäftsbedingungen

5.2.1 Allgemeines

Als Ausdruck der grundgesetzlich in Artikel 2 normierten allgemeinen Handlungsfreiheit obliegt es zunächst einmal den (Vertrags-)Parteien, die zwischen ihnen gewollten Rechtsbeziehungen selbst zu bestimmen, zumindest solange keine zwingenden anderweitigen gesetzlichen Vorgaben bestehen. Diese sogenannte Privatautonomie bildet einen der prägenden Grundsätze des Bürgerlichen Gesetzbuches.

Im allgemeinen Geschäftsleben entspricht es allerdings nicht der Üblichkeit, dass *„für jeden einzelnen Vertrag"* ein individuelles Verhandeln sämtlicher Regelungsinhalte durch die Vertragsparteien erfolgt; dies dürfte im Gegenteil eher die Ausnahme bilden. Gerade im *„b2b"* oder *„b2c"* – Bereich werden Unternehmen, welche eine Vielzahl gleichartiger Waren veräußern oder aber gleichartige Dienstleistungen gegenüber Dritten erbringen allein zur Meidung nicht notwendigen (Verwaltungs-)Aufwandes, auf eigene vorgefertigte Vertragsmuster zurückgreifen.

Wenn und soweit allerdings Musterverträge herangezogen werden, bleiben die Regelungen betreffend die Gestaltung rechtsgeschäftlicher Schuldverhältnisse durch Allgemeine Geschäftsbedingungen, die in den §§ 305 ff. BGB stipuliert wurden, zu beachten.

Der Gesetzgeber definiert Allgemeine Geschäftsbedingungen (AGB) in § 305 Absatz 1 Satz 1 BGB als *„alle für eine Vielzahl von Verträgen vorformulierte Vertragsbedingungen, die eine Vertragspartei der anderen Vertragspartei bei Abschluss des Vertrages stellt"*.

Dem Franchisesystem ist immanent, dass der Franchisegeber sein Franchisesystem möglichst flächendeckend bekannt macht, sodass der Einsatz seines Mustervertrages für eine Vielzahl von (potenziellen) Franchisenehmern gedacht ist, sodass im Allgemeinen an dieser Tatbestandsvoraussetzung keine Zweifel bestehen dürften.

5.2.2 Vorformulierte Vertragsbedingungen für eine Vielzahl von Verträgen

Gleichgültig ist, ob die Vertragsbedingungen, also die Bestimmungen, einen äußerlich gesonderten Bestandteil des Vertrags bilden oder in die Vertragsurkunde selbst aufgenommen werden, welchen Umfang sie haben, in welcher Schriftart sie verfasst sind und welche Form der Vertrag hat. Selbst wenn Klauseln nicht außerhalb eines Formularvertrags stehen (wie die typischen AGB), sondern dessen Bestandteil sind, ist dies ausweislich der Regelung des § 305 Absatz 1 Satz 2 BGB unerheblich.

Allgemeine Geschäftsbedingungen liegen nur dann nicht vor, soweit die Vertragsbedingungen zwischen den Vertragsparteien im Einzelnen ausgehandelt sind.

Die Vorschriften der §§ 305 ff. BGB gelten ungeachtet ihres Einsatzes im geschäftlichen oder privaten Bereich bereits im ersten Verwendungsfall, wenn eine mehrfache Verwendung – hier ist von einer Mindestanzahl von drei Verwendungen auszugehen – gegenüber dem gleichen oder aber verschiedenen Vertragspartnern erfolgen soll. Dabei spielt es zudem keine Rolle, ob der Verwender den Einsatz selbst plant oder ob er auf durch Dritte erstellte Vertragsmuster, welche für eine mehrfache Verwendung erstellt wurden zurückgreift.

5.2.3 Stellen der Vertragsbedingungen

Vertragsbedingungen werden gestellt, wenn der Verwender die vorformulierten Regelungsinhalte zu Gegenstand des Vertrages erheben will. Wie sich aus § 305 Absatz 1 Satz 3 BGB ergibt, liegen Allgemeine Geschäftsbedingungen lediglich dann nicht vor, soweit die Vertragsbedingungen zwischen den Vertragsparteien im Einzelnen ausgehandelt sind. Gleichsam ist in § 305b BGB geregelt, dass individuellen Vertragsabreden Vorrang vor Allgemeinen Geschäftsbedingungen zukommt.

Aus Vorgenanntem folgt nun aber nicht, dass Verhandlungen zwischen den Vertragsparteien über einzelne Regelungsinhalte eines zum Abschluss gestellten Vertrages dessen rechtliche Qualifikation als Allgemeine Geschäftsbedingungen entfallen lassen. Vielmehr muss es dem Vertragspartner des Verwenders möglich sein, eigene Vertragsgestaltungswünsche im Rahmen der Verhandlungen im Sinne eines Gebens und Nehmens effektiv durchsetzen zu können.

Weitergehend bleibt zu beachten, dass auch einzelne, individuell durch den Verhandlungspartner eingebrachte und durchgesetzte Regelungen innerhalb des Vertragswerkes, den Anwendungsbereich der §§ 305 ff. BGB für das restliche Vertragswerk nicht entfallen lassen, sondern lediglich für die individuell ausgehandelte Klausel.

Von der Verwendung einer oftmals in Verträgen zu findende Klarstellung, dass der Vertrag zwischen den Parteien ausgehandelt wurde, ist mangels Sinnhaftigkeit abzuraten. Nur weil ein entsprechender *„Verhandlungspassus"* im Vertrag steht, verwandeln sich die Klauseln nicht automatisch in Individualvereinbarungen. Die obergerichtliche Rechtsprechung ist in diesem Kontext sehr restriktiv, um zu verhindern, dass der durch das Gesetz intendierte Schutzwecke durch simple Formulierungen schlicht ausgehebelt wird.

5.2.4 Wertungsmaßstäbe

Vor den vorstehend beschriebenen Hintergründen ist bei der Verwendung von Vertragsmustern durch den Franchisegeber in einem Franchisesystem zunächst davon auszugehen, dass diese als Allgemeine Geschäftsbedingungen zu qualifizieren sind und demzufolge die §§ 305 ff. BGB – zumindest eingeschränkt – zur Anwendung gelangen.

Liegen Allgemeine Geschäftsbedingungen vor, sieht sich der Verwender mit Vorgaben des Gesetzgebers konfrontiert, an denen sich selbige messen lassen müssen.

Gemäß § 305c BGB erweisen sich Bestimmungen, die nach den Umständen, insbesondere nach dem äußeren Erscheinungsbild des Vertrags, so ungewöhnlich sind, dass der Vertragspartner des Verwenders mit ihnen nicht zu rechnen braucht, als unwirksam, wobei Zweifel bei der Auslegung Allgemeiner Geschäftsbedingungen zu Lasten des Verwenders gehen.

Wie sich aus § 307 Absatz 1 BGB ergibt, sind Bestimmungen in Allgemeinen Geschäftsbedingungen unwirksam, wenn sie den Vertragspartner des Verwenders entgegen den Geboten von Treu und Glauben unangemessen benachteiligen. Eine unangemessene Benachteiligung kann sich auch daraus ergeben, dass die Bestimmung nicht klar und verständlich ist.

In § 308 BGB sind sodann Klauselverbote mit Wertungsmöglichkeit sowie in § 309 BGB Klauselverbote ohne Wertungsmöglichkeit aufgenommen. Der Unterschied beider rechtlicher Regelungen besteht darin, dass die in § 308 BGB enumerativ aufgelisteten Fallgestaltungen nicht automatisch zur Unwirksamkeit führen, sondern der Einzelfallwürdigung eines erkennenden Gerichtes unterfallen und durch Verwendung unbestimmter Rechtsbegriffe gekennzeichnet sind.

So kann sich beispielsweise eine Bestimmung als unwirksam erweisen, durch welche sich der Verwender eine unangemessen lange Zeit für die Erfüllung einer Entgeltforderung des Vertragspartners vorbehält (§ 308 Nr. 1 a BGB). Die Frage, ob eine unangemessen lange Zeitspanne vorgesehen ist oder nicht, obliegt daher der Ausprägung durch die Rechtsprechung und der Einzelfallentscheidung.

Der Regelungskanon des § 309 BGB zeichnet sich dadurch aus, dass die dort enthaltenen Verbote per se als unwirksam anzunehmen sind.

So beispielsweise das in § 309 Nummer 3 BGB enthaltene Aufrechnungsverbot, wonach eine Bestimmung unwirksam ist, durch die dem Vertragspartner des

Verwenders die Befugnis genommen wird, mit einer unbestrittenen oder rechtskräftig festgestellten Forderung aufzurechnen.

Sind Allgemeine Geschäftsbedingungen ganz oder teilweise nicht Vertragsbestandteil geworden oder unwirksam, so bleibt der Vertrag im Übrigen wirksam und es richtet sich sein Inhalt nach den gesetzlichen Vorschriften, wie sich aus § 306 Absatz 1, 2 BGB ergibt. Hier wurde daher eine Abweichung zu der Grundgestaltung des § 139 BGB statuiert, nach welchem die Unwirksamkeit einer Regelung im Zweifel auch das gesamte Vertragswerk erfasst. Allerdings ist in diesem Zusammenhang von einem sogenannten *„Verbot einer geltungserhaltenden Reduktion"* auszugehen. Der Verwender vermag sich nicht darauf zu berufen, dass anstelle der von ihm verwendeten nicht wirksamen Klausel eine solche zu seinen Gunsten zur Anwendung gelangt, welche (gerade) noch den gesetzlichen Vorgaben entspricht. Im Übrigen ist lediglich in den Fällen, in denen ein Festhalten an dem gesamten Vertrag eine unzumutbare Härte darstellen würde, von einer gänzlichen Unwirksamkeit auszugehen.

5.2.5 Unternehmen

Bei der Verwendung von Franchiseverträgen bei der Erbringung von Pflegedienstleistungen ist systematisch bedingt beabsichtigt, dass der Franchisenehmer gegenüber Dritten am Markt als eigenständiger Unternehmer auftritt.

Die zunächst einmal am Verbraucherschutz orientierte AGB-Konzeption des Gesetzgebers erfährt eine Einschränkung in § 310 Absatz 1 BGB.

Wie sich aus § 310 Absatz 1 Satz 1 BGB ergibt, finden § 305 Absatz 2 und 3, § 308 Nummer 1, 2 bis 9 und § 309 finden keine Anwendung auf Allgemeine Geschäftsbedingungen, die gegenüber einem Unternehmer, einer juristischen Person des öffentlichen Rechts oder einem öffentlich-rechtlichen Sondervermögen verwendet werden.

Als Unternehmer wird gemäß § 14 BGB eine natürliche oder juristische Person oder eine rechtsfähige Personengesellschaft verstanden, die bei Abschluss eines Rechtsgeschäfts in Ausübung ihrer gewerblichen oder selbständigen beruflichen Tätigkeit handelt.

Zwar finden daher die sonst sehr strengen Vorschriften besonders im Bereich der §§ 308, 309 BGB keine (direkte) Anwendung und wären damit – zumindest auf den ersten Blick – unbeachtlich, weswegen man von einer wesentlich größeren Vertragsfreiheit unter Unternehmern bei dem Abschluss eines Franchisevertrages in der Pflege ausgehen könnte.

Diese vermeintliche Vertragsfreiheit wird jedoch wiederum durch die Generalklausel des § 307 Absatz 1 BGB eingeschränkt, wie sich aus § 310 Absatz 1 Satz 2 BGB ergibt. Danach findet § 307 Abs. 1 und 2 in den Fällen des § 310 Absatz 1 Satz 1 auch insoweit Anwendung, als dies zur Unwirksamkeit von in § 308 Nummer 1, 2 bis 9 und § 309 genannten Vertragsbestimmungen führt; auf die im Handelsverkehr geltenden Gewohnheiten und Gebräuche ist angemessen Rücksicht zu nehmen.

Nach § 307 Absatz 1 BGB sind Bestimmungen in Allgemeinen Geschäftsbedingungen unwirksam, wenn sie den Vertragspartner des Verwenders entgegen den Geboten von Treu und Glauben unangemessen benachteiligen. Eine unangemessene Benachteiligung kann sich gemäß § 307 Absatz 2 BGB auch daraus ergeben, dass die Bestimmung nicht klar und verständlich ist. Eine unangemessene Benachteiligung ist im Zweifel anzunehmen, wenn eine Bestimmung entweder (1.) mit wesentlichen Grundgedanken der gesetzlichen Regelung, von der abgewichen wird, nicht zu vereinbaren ist oder (2.) wesentliche Rechte oder Pflichten, die sich aus der Natur des Vertrags ergeben, so einschränkt, dass die Erreichung des Vertragszwecks gefährdet ist.

Ob eine unangemessene Benachteiligung nach § 307 BGB im Einzelfall bei Einbindung von Unternehmern angenommen werden kann oder nicht, wird von der Rechtsprechung unter anderem anhand des Wertekatalogs der §§ 308, 309 BGB beurteilt. So wird zum Beispiel ein Aufrechnungsverbot, welches gegenüber Verbrauchern nach § 309 Nr. 3 BGB unwirksam ist, auch unter Unternehmern über § 307 I S.1 BGB im gleichen Umfang verboten.

6 Der Franchisevertrag – einzelne Regelungsinhalte

Der Franchisevertrag ist im Einzelfall unter Berücksichtigung der konkreten Bedarfe der Vertragsparteien zu entwickeln. Die nachstehenden Gliederungspunkte erheben daher keinen Anspruch auf Vollständigkeit oder Notwendigkeit in den Vertrag eingebunden zu werden. Gleichsam ist die Gliederung per se den jeweiligen Vertragsparteien und den von diesen gewünschten Systematik überlassen.

6.1 Ethikkodex des Deutschen Franchiseverbandes (DFV)

Der Deutsche Franchiseverband ist seit 1978 die zentrale Interessenvertretung der Franchisewirtschaft in Deutschland sowie Mitglied in der European Franchise Federation und im World Franchise Council.

Eine seiner wesentlichen Grundlagen bildet der verbindlicher Ethikkodex, der Fairness und Transparenz im Franchising sicherstellt. Der Ethikkodex des Deutschen Franchiseverbandes (DFV) ist dabei das verbindliche Regelwerk für alle seiner Mitglieder. Er basiert auf dem Europäischen Verhaltenskodex für Franchising und legt die moralischen Spielregeln fest, damit das System fair, transparent und nachhaltig bleibt *(Angabe: Deutscher Franchiseverband e. V.)*

Für den Franchisenehmer empfiehlt es sich daher bei dem Franchisegeber nachzufragen, ob dieser Mitglied des DFV ist und das von ihm verwendete Vertragsmuster unter Berücksichtigung der Vorgaben des Ethikkodex abgefasst wurde.

P. S. Przewieslik, *Franchise bei Pflegeimmobilien*, essentials,
https://doi.org/10.1007/978-3-658-51680-2_6

6.2 Präambel

Die Parteien sollten bereits der Abfassung der Präambel des Franchisevertrages hinreichende Aufmerksamkeit widmen.

Zwar begründet die Präambel eines Vertrages keine unmittelbaren Leistungspflichten, auf welche sich die einzelne Partei stützen kann, definiert aber den objektiven Zweck des Geschäfts. Nachdem Verträge gemäß §§ 133, 157 BGB so ausgelegt werden müssen, wie Treu und Glauben es mit Rücksicht auf die Verkehrssitte erfordern, stellt die Präambel ein, wenn nicht gar das wichtigste, Indiz dafür dar, was die Parteien zum Zeitpunkt des Vertragsschlusses eigentlich bezweckt hatten. Sie bildet eine *„Sinnklammer"*, welche die einzelnen Vertragsregelungen zusammenhält.

In der Pflegebranche erweist es sich als besonders wichtig, bereits in der Präambel die Überlegungen der Parteien insbesondere mit Blick auf die Verwendung der Marke, die einzuhaltenden Qualitätsstandards und gesetzlicher Vorgaben zu pointieren. So sollten Ausführungen zu dem Geschäftskonzept, der Expertise und dem Knowhow des Franchisegebers sowie dessen Marke und Marktimage enthalten sein. Weitergehend empfiehlt es sich, die mit dem Abschluss des Franchisevertrages verfolgten Ziele präzise niederzulegen. Auch sollte gerade die Verpflichtung des Franchisenehmers hervorgehoben werden, als eigenständiger Unternehmer nicht nur für die Einhaltung der Qualitätsrichtlinien des Franchisegebers, sondern vor allem auch der, insbesondere im SGB enthaltenen, gesetzlichen Vorgaben verantwortlich zeichnet.

Schlussendlich empfiehlt es sich, die Eigenschaft des Franchisenehmers per se als eigenständigen Unternehmer hervorzuheben. Dies in Abgrenzung zu der sogenannten Scheinselbständigkeit mit Blickwinkel auf die üblicherweise zum Gegenstand vertraglicher Vereinbarungen erhobenen und durch den Franchisegeber erstellten *„Systemhandbüchern"* oder *„Franchise-Handbüchern"*, welche umfangreiche Vorgaben enthalten, die durch den Franchisenehmer zwingend einzuhalten sind. Es besteht demnach ein Spannungsfeld zwischen dem Interesse des Franchisegebers an umfangreichen Vorgaben und der selbständigen wirtschaftlichen Eigenständigkeit des Unternehmers.

Vorsicht geboten ist, wenn der Franchisenehmer beispielsweise als Einzelperson auftritt, über keine eigenen Mitarbeiter verfügt und lediglich selbst die Arbeitsleistungen, ggf. noch dazu in Räumlichkeiten des Franchisegebers, erbringt; wenn Marketingmaßnahmen ausschließlich durch den Franchisegeber erfolgen, ohne dass eine Erkennbarkeit des (unabhängigen) Franchisenehmers gegeben ist; dem Franchisenehmer ausschließlich Patienten durch den Franchisegeber zugewiesen werden; der Franchisenehmer direkten Weisungen des Franchisegebers unterworfen ist; der Franchisenehmer fest in die Arbeitseinteilung des Franchisegebers eingebunden ist etc. Die Folgen einer Scheinselbständigkeit sind durchaus beachtlich und können neben Nachzahlungspflichten von Sozialversicherungsbeiträgen auch strafrechtliche Konsequenzen, nämlich das Vorenthalten und Veruntreuen von Arbeitsentgelt gemäß § 266a StGB nach sich ziehen.

Zur Meidung von diesbezüglichen potenziellen Unsicherheiten, können die Parteien vorab ein sogenanntes Statusfeststellungsverfahren führen. Wie aus § 7a Absatz 1 SGB IV ergibt, können die Beteiligten bei der Deutschen Rentenversicherung Bund schriftlich oder elektronisch eine Entscheidung beantragen, ob bei einem Auftragsverhältnis eine Beschäftigung oder eine selbständige Tätigkeit vorliegt, es sei denn, die Einzugsstelle oder ein anderer Versicherungsträger hatte im Zeitpunkt der Antragstellung bereits ein Verfahren zur Feststellung von Versicherungspflicht aufgrund einer Beschäftigung eingeleitet. Die Deutsche Rentenversicherung Bund entscheidet sodann gemäß § 7a Absatz 2 SGB IV aufgrund einer Gesamtwürdigung aller Umstände des Einzelfalles, ob eine Beschäftigung oder eine selbständige Tätigkeit vorliegt. Wird die vereinbarte Tätigkeit für einen Dritten erbracht und liegen Anhaltspunkte dafür vor, dass der Auftragnehmer in dessen Arbeitsorganisation eingegliedert ist und dessen Weisungen unterliegt, stellt sie bei Vorliegen einer Beschäftigung auch fest, ob das Beschäftigungsverhältnis zu dem Dritten besteht.

6.3 Aufschiebende Bedingung des Franchisevertrages

Wie bereits dargestellt wurde, sieht § 72 Absatz 1 SGB XI vor, dass die Pflegekassen ambulante und stationäre Pflege nur durch Pflegeeinrichtungen gewähren dürfen, mit denen ein Versorgungsvertrag besteht (zugelassene Pflegeeinrichtungen).

Demzufolge sollte der Franchisenehmer darauf achten, dass der Franchisevertrag unter die aufschiebende Bedingung des rechtswirksamen Abschlusses des Versorgungsvertrages bzw. Beginns der zugelassenen Versorgung, gestellt wird, um Rechtsnachteile aus der ihm ansonst möglicherweise nicht möglichen Erfüllung des Franchisevertrages zu vermeiden.

6.4 Vertragsgegenstand, Franchisesystem

Zwischen den Vertragsparteien sollte zunächst der Franchisegegenstand präzise definiert und dem Franchisenehmer das Recht gewährt werden, das System des Franchisegebers und, soweit vorhanden, unter Anwendung dessen *„System-Handbuchs"* einen Pflegedienst zu führen.

Gleichsam sollte auf die Art der Pflegedienstleistungen (beispielsweise ambulante Pflege, Tages- oder Intensivpflege) sowie etwaige Alleinstellungsmerkmale eingegangen werden.

6.5 Systemhandbuch/Franchise-Handbuch

Das *„Systemhandbuch"* oder *„Franchise-Handbuch"* bildet – neben dem Vertrag und dessen einzelnen Regelungsinhalten – das zentrale Werk des Franchisevertrages. Es beinhaltet das zentrale Knowhow des Franchisegebers und soll sicherstellen, dass dessen Franchisekonzept durch die jeweiligen Franchisenehmer einheitlich in gleichbleibender, hoher Qualität umgesetzt wird.

Dem Franchisenehmer kann an dieser Stelle nur angeraten werden, sich intensiv mit diesem *„Systemhandbuch"* auseinanderzusetzen. So kann die fehlende oder mangelhafte Einhaltung der dort beinhalteten Vorgaben als wesentlicher Bestandteil des Franchisevertrages durchaus unter gewissen Voraussetzungen in der Kündigung des Vertrages und der Geltendmachung von Schadensersatzforderungen des Franchisegebers münden. Weitergehend entstehen mit der Einhaltung der Pflichten naturgemäß auch Kosten, welche mitunter – beispielsweise bei der Vorgabe von Pflichtlieferanten oder aber der turnusmäßigen Instandhaltung einer Pflegeeinrichtung – durchaus erhebliche wirtschaftliche Konsequenzen nach sich ziehen können.

Übliche Inhalte des *„Systemhandbuches"* sind vielfältig und können an dieser Stelle nur kursorisch dargestellt werden.

Standorte und Pflegeinrichtungen

Enthalten sein können konkrete Vorgaben über Standorte und die Pflegeinrichtungen selbst mit Fokus auf die Immobilie. Diese können sich unter anderem auf Lagevorgaben (so etwa Innenstadtlagen für Pflegeheime, wobei die öffentlich-rechtlichen Vorgaben in Bezug auf die bauplanungsrechtliche Situation durch den Franchisegeber im Auge zu behalten sein sollten), auf die konkrete bauliche Gestaltung eines Pflegeheimes (so beispielsweise die Anordnung von Zimmern und

Gemeinschaftsräumen, deren Größe etc.), auf die konkrete Einrichtung eines Pflegeheimes (so etwa die spezielle Art der Möblierung) oder aber Instandsetzungs–/Renovierungsturnen beziehen.

Operatives Tagesgeschäft

Der wohl wichtigste Part eines „*Systemhandbuches*" wird sich mit dem operativen Tagesgeschäft in der Pflege auseinandersetzen. Möglich sind dabei Vorgaben in Bezug auf die konkrete Erbringung von Dienstleistungen, den Bezug von Waren durch spezielle Lieferanten zu bestimmten Konditionen, Nutzung von IT-Systemen etc.

Qualitätsmanagement

Primäre Bedeutung wird man in diesem Kontext auch dem Qualitätsmanagement zukommen lassen müssen.

Der Franchisegeber zeichnet ein vitales Interesse daran, dass seinen Qualitätsmanagementvorgaben unbedingt Rechnung getragen werden, handelt es sich doch letzten Endes um seinen „*Ruf*", einem seiner wesentlichen Unternehmensassets. Der Franchisenehmer steht demgegenüber unter staatlicher Qualitätsüberwachung und sieht sich ggf. Repressalien ausgesetzt, welche schlussendlich zur Kündigung des Versorgungsvertrages münden und somit seine Existenzgrundlage zerstören können.

Diese Vorgaben stehen jedoch in unabdingbaren Zusammenhang mit den gesetzlichen Vorgaben des § 113 SGB XI, die sich mit den Maßstäben und Grundsätzen zur Sicherung und Weiterentwicklung der Pflegequalität auseinandersetzen. Gemäß § 113 Absatz 1 Satz 1 SGB XI vereinbaren der Spitzenverband Bund der Pflegekassen, die Bundesarbeitsgemeinschaft der überörtlichen Träger der Sozialhilfe und der Eingliederungshilfe, die kommunalen Spitzenverbände auf Bundesebene und die Vereinigungen der Träger der Pflegeeinrichtungen auf Bundesebene unter Beteiligung des Medizinischen Dienstes Bund, des Verbandes der privaten Krankenversicherung e. V., der maßgeblichen Organisationen der Pflegeberufe auf Bundesebene, der maßgeblichen Organisationen für die Wahrnehmung der Interessen und der Selbsthilfe der pflegebedürftigen und behinderten Menschen nach Maßgabe von § 118 sowie unabhängiger Sachverständiger Maßstäbe und Grundsätze für die Qualität, Qualitätssicherung und Qualitätsdarstellung in der ambulanten, teilstationären, vollstationären und Kurzzeitpflege sowie für die Entwicklung eines einrichtungsinternen Qualitätsmanagements, das auf eine stetige Sicherung und Weiterentwicklung der Pflegequalität ausgerichtet ist und flexible Maßnahmen zur Qualitätssicherung in Krisensituationen umfasst.

Vor diesem Hintergrund ist es beiden Franchiseparteien dringend zu empfehlen, diesem Teil des Systemhandbuches unbedingte Aufmerksamkeit zu schenken. Wie sich nämlich aus § 114 Absatz 1 SGB XI ergibt, erteilen die Landesverbände der Pflegekassen zur Durchführung einer Qualitätsprüfung dem Medizinischen Dienst, dem Prüfdienst des Verbandes der privaten Krankenversicherung e. V. im Umfang von 10 % der in einem Jahr anfallenden Prüfaufträge oder den von ihnen bestellten Sachverständigen einen Prüfauftrag. Der Prüfauftrag enthält Angaben zur Prüfart, zum Prüfgegenstand und zum Prüfumfang. Die Prüfung erfolgt als Regelprüfung, Anlassprüfung oder Wiederholungsprüfung. Die Pflegeeinrichtungen haben die ordnungsgemäße Durchführung der Prüfungen zu ermöglichen. Sodann haben die Medizinischen Dienste, der Prüfdienst des Verbandes der privaten Krankenversicherung e. V. sowie die von den Landesverbänden der Pflegekassen für Qualitätsprüfungen bestellten Sachverständigen gemäß § 115 Absatz 1 Satz 1 SGB XI das Ergebnis einer jeden Qualitätsprüfung sowie die dabei gewonnenen Daten und Informationen den Landesverbänden der Pflegekassen und den zuständigen Trägern der Sozialhilfe sowie den nach heimrechtlichen Vorschriften zuständigen Aufsichtsbehörden im Rahmen ihrer Zuständigkeit und bei häuslicher Pflege den zuständigen Pflegekassen zum Zwecke der Erfüllung ihrer gesetzlichen Aufgaben sowie der betroffenen Pflegeeinrichtung mitzuteilen.

Festgestellte Verstöße können, wie bereits angesprochen, für den Betreiber durchaus zu gravierenden Konsequenzen führen. So ermöglicht § 115 Absatz 2 SGB XI, soweit bei einer Prüfung nach diesem Buch Qualitätsmängel festgestellt werden, den Landesverbänden der Pflegekassen nach Anhörung des Trägers der Pflegeeinrichtung und der beteiligten Trägervereinigung unter Beteiligung des zuständigen Trägers der Sozialhilfe zu entscheiden, welche Maßnahmen zu treffen sind, dem Träger der Einrichtung hierüber einen Bescheid zu erteilen und ihm darin zugleich eine angemessene Frist zur Beseitigung der festgestellten Mängel zu setzen. Werden sodann die nach Satz 1 festgestellten Mängel nicht fristgerecht beseitigt, können die Landesverbände der Pflegekassen gemeinsam den Versorgungsvertrag gemäß § 74 Absatz 1 SGB XI, in schwerwiegenden Fällen nach § 74 Absatz 2 SGB XI kündigen.

Von wesentlicher Bedeutung ist in diesem Kontext überdies der Regelungskanon des § 115 Absatz 1a SGB XI, wonach die Landesverbände der Pflegekassen sicherstellen, dass die von Pflegeeinrichtungen erbrachten Leistungen und deren Qualität für die Pflegebedürftigen und ihre Angehörigen verständlich, übersichtlich und vergleichbar sowohl im Internet als auch in anderer geeigneter Form kostenfrei veröffentlicht werden. Eine negative Beurteilung kann daher erhebliche wirtschaftliche Auswirkungen sowohl für den Franchisegeber als auch den Franchisenehmer mit sich ziehen.

Personal

Üblicherweise ist das Personalwesen allein dem Betreiber, dem Franchisenehmer, zugeordnet. Gleichwohl kann das *„Systemhandbuch"* Regelungen beinhalten, welche sich unter anderem mit Anforderungsprofilen, Fortbildungen etc. auseinandersetzen.

Zu beachten ist in diesem Kontext jedoch, dass die Mindestvorgaben des Gesetzgebers, die im SGB XI beinhaltet sind, eingehalten werden. Wie sich beispielhaft aus § 71 Absatz 1 SGB XI ergibt, versteht man unter ambulanten Pflegeeinrichtungen (Pflegedienste) im Sinne des SGB XI selbständig wirtschaftende Einrichtungen, die unter ständiger Verantwortung einer ausgebildeten Pflegefachperson Pflegebedürftige in ihrer Wohnung mit Leistungen der häuslichen Pflegehilfe im Sinne des § 36 SGB XI versorgen. Unter stationären Pflegeeinrichtungen (Pflegeheime) versteht man gemäß § 71 Absatz 2 SGB XI selbständig wirtschaftende Einrichtungen, in denen Pflegebedürftige: 1.unter ständiger Verantwortung einer ausgebildeten Pflegefachperson gepflegt werden, 2. ganztägig (vollstationär) oder tagsüber oder nachts (teilstationär) untergebracht und verpflegt werden können.

Für die Anerkennung als verantwortliche Pflegefachperson im Sinne von § 71 Absatz 1, 2 SGB XI ist gemäß § 71 Absatz 3 SGB XI neben dem Abschluss einer Ausbildung als (1.) Pflegefachfrau, Pflegefachmann oder Pflegefachperson, (2.) Gesundheits- und Krankenpflegerin oder Gesundheits- und Krankenpfleger, (3.) Gesundheits- und Kinderkrankenpflegerin oder Gesundheits- und Kinderkrankenpfleger oder (4.) Altenpflegerin oder Altenpfleger eine praktische Berufserfahrung in dem erlernten Ausbildungsberuf von zwei Jahren innerhalb der letzten acht Jahre erforderlich.

§ 71 Absatz 3 Satz 5 SGB XI sieht für die Anerkennung als verantwortliche Pflegefachperson ferner als Voraussetzung vor, dass eine Weiterbildungsmaßnahme für leitende Funktionen mit einer Mindeststundenzahl, die 460 h nicht unterschreiten soll, erfolgreich durchgeführt wurde.

Administrative Vorgaben

Das *„Systemhandbuch"* enthält üblicherweise auch Vorgaben bezüglich der Informationsverpflichtung und dem Reporting des Franchisenehmers. Dies ist insbesondere mit Blick auf die Ermittlung der zu entrichtenden Franchisegebühren, die sich überwiegend an den Umsätzen orientieren, von Belang.

Die Frage, was zu einem Umsatz und damit als Berechnungsgrundlage zu zählen ist sowie die Prüfmechanismen des Berechtigten, ist in Franchiseverträgen zumeist umfangreich geregelt (siehe hierzu auch nachstehende Ziffer 6.12). So steht dem Franchisegeber üblicherweise ein Unterlagen- und Buchhaltungseinsichts-

sowie prüfungsrecht durch geeignete, zur Verschwiegenheit verpflichtete Fachpersonen (so etwa Steuerberater, Wirtschaftsprüfer, Rechtsanwälte) zu. Im Bereich der Pflege kommt dem Franchisegeber zugute, dass die Umsätze oft direkt mit den Pflegekassen abgerechnet werden. Daher ist die Umsatzbasis durchaus als vergleichsweise transparent und leicht nachprüfbar zu qualifizieren.

Marketing
In vielen *„Systemhandbüchern"* finden sich Regelungen, die sich mit den Marketingmaßnahmen differenziert auseinandersetzen. So kann geregelt werden, welche Marketingmaßnahmen der Franchisenehmer in welcher Form und unter Einsatz spezieller vereinheitlichter Informationsmaterialien ergreifen kann. Gleichsam, ob und in welcher Form der Franchisegeber selbst für die Marke werbend auftritt.

6.6 Fortschreibung des Systemhandbuchs

Die wirtschaftliche Betätigung eines Unternehmers ist zwingend an die Marktgegebenheiten gebunden und daher einem laufenden Wandel sowie damit einhergehend Veränderungen von in einem *„Systemhandbuch"* originär vorgegebenen Prozessen unterworfen.

Vor diesem Hintergrund muss es auf der einen Seite dem Franchisegeber möglich sein, die Inhalte und Vorgaben des *„Systemhandbuchs"* zu modifizieren. Üblicherweise enthalten daher Franchiseverträge entsprechende Öffnungs- bzw. Modifikationsklauseln.

Auf der anderen Seite ist der Franchisenehmer dazu gehalten, für das Franchisesystem entsprechende Zahlungen an den Franchisegeber zu leisten und kann daher eigenständig verlangen, dass Letztgenannter den Markt überwacht und sein Konzept bzw. System an die neuen Marktgegebenheiten unter dem Blickwinkel der Wettbewerbsfähigkeit und potenzieller Gewinnerzielung anpasst. Oftmals finden sich in diesem Kontext auch Regelungen in den Franchiseverträgen, welche den Franchisenehmer dazu verpflichten, Marktbeobachtungen an den Franchisegeber weiterzugeben, damit dieser ggf. reagieren kann oder aber eigene innovative Vorschläge zu unterbreiten, welche – für den Fall einer Übernahme – letzten Endes auch zu wirtschaftlichen Vorteilen des Franchisenehmers gereichen kann.

Derartige Regelungen über zulässige Modifikationen sind jedoch nicht frei in das unbeschränkte Ermessen des Franchisegebers gestellt.

Zunächst sollte zwischen den Parteien geregelt werden, wie oft der Franchisegeber Abänderungen des *„Systemhandbuches“* vornehmen kann und ab wann sich diese als für den Franchisenehmer verbindlich erweisen. In jedem Fall sollte zudem vertraglich geregelt werden, dass der Franchisegeber für die Modifikationen einen sachlichen Grund besitzen muss, zumal derartige Änderungen – man denke an eine Änderung der Corporate Identity – mit erheblichen Investitionen einhergehen kann.

Allerdings darf der Kernbereich des Franchisevertrages nicht angetastet werden. Dies kann beispielsweise dann der Fall sein, wenn die wirtschaftliche Grundlage für den Franchisenehmer durch die vorgegebenen Änderungen in erheblichem Maße angegriffen wird oder aber im Extremfall entfällt.

6.7 Marken- & Lizenzrechte

In dem *„Systemhandbuch“* finden sich oftmals auch dezidierte Regelungen zu den Marken- und Lizenzrechten.

Es empfiehlt sich allerdings, in einer eigenen Gliederungsziffer des Vertrages eingehend auf die Markenrechtssituation einzugehen.

Es sollten zunächst die Markenwelt des Franchisegebers detailliert aufgeführt werden. So kann sich Letztgenannter beispielsweise Wort-, Bild- oder Wortbildmarken beim Deutschen Patent- und Markenamt (DPMA), beim Amt der Europäischen Union für geistiges Eigentum (EUIPO) oder aber bei der Weltorganisation für geistiges Eigentum (WIPO) – je nach Territorien, welche dem Schutz unterworfen sein sollen – geschützt haben lassen. Sodann ist dem Franchisenehmer ein Lizenzrecht einzuräumen, wonach dieser die Marken, Marketingkonzepte, Qualitätsmanagementsysteme etc. des Franchisegebers nutzen darf.

In diesem Kontext sollte zudem zwischen den Parteien eindeutig geregelt werden, wie mit Schutzrechtsverletzungen Dritter umgegangen werden soll.

Zunächst einmal sollte eine Informationspflicht des Franchisenehmers aufgenommen werden, welche diesen dazu anhält, ihm bekannte Schutzrechtsverletzungen binnen einer kurz bemessenen Frist dem Franchisegeber zu melden. An dieser Stelle muss die Frist derart kurz bemessen sein, dass dem Franchisegeber – so es diesem denn vertraglich zugewiesen ist – noch möglich ist, der Verletzung von Schutzrechten ggf. im Wege des einstweiligen Rechtsschutzes wirksam zu begegnen.

Wer Schutzrechte (zum Beispiel Marken, Patente oder Know-how) verteidigen darf, ist allerdings primär davon abhängig, wer Inhaber der verletzten Rechte ist und was diesbezüglich im Vertrag vereinbart wurde. Grundsätzlich können derartige Verletzungen zunächst einmal nur durch den Markenrechtsinhaber – dem Franchisegeber – geltend gemacht werden. Wie sich aus § 30 Absatz 3 des Gesetzes über den Schutz von Marken und sonstigen Kennzeichen (Markengesetz – MarkenG) ergibt, kann der Lizenznehmer – der Franchisenehmer – Klage wegen Verletzung einer Marke nur mit Zustimmung ihres Inhabers erheben. Abweichend von Satz 1 kann jedoch der Inhaber einer ausschließlichen Lizenz Klage wegen Verletzung einer Marke erheben, wenn der Inhaber der Marke nach förmlicher Aufforderung nicht selbst innerhalb einer angemessenen Frist Klage wegen Verletzung einer Marke erhoben hat.

Je nach konkreter Fallgestaltung ist es den Vertragsparteien anzuraten, sich darüber zu verständigen, wie mit Schutzrechtsverletzungen Dritter umgegangen werden soll. Nachdem der Lizenznehmer nur mit Zustimmung des Lizenzgebers – außer in der Fallgestaltung einer ausschließlichen Lizenz nach § 30 Absatz 3 Satz 2 MarkenG und ergebnislos verstrichener Aufforderung – selbständig als aktivlegitimiert anzusehen ist, sich Vertragsverletzungen Dritter aber in erheblichem Maße nachteilig auf dessen Geschäftsbetrieb auswirken können, kommt dabei in Betracht, dass entweder der Lizenzgeber dazu verpflichtet wird, gegen derartige Verletzungshandlungen vorzugehen oder aber der Lizenznehmer hierzu ermächtigt wird. Gleichsam sollte geregelt werden, wem die diesbezügliche Kostentragungslast für die Rechtsverfolgung zukommt.

Zu beachten ist schlussendlich die Regelung in § 30 Absatz 4 MarkenG, wonach jeder Lizenznehmer einer vom Inhaber der Marke erhobenen Verletzungsklage beitreten kann, um den Ersatz seines Schadens geltend zu machen.

Regelungen sollten sich indes nicht nur mit Verletzungshandlungen Dritter auseinandersetzen, sondern auch mit der Fallgestaltung, dass ein Dritter an den Franchisenehmer herantritt und diesen unter Berühmen eigener Markenrechte abmahnt.

Die Lizenzeinräumung von Rechten durch den Franchisegeber setzt zwingend voraus, dass diesem die übertragenen Rechte auch unbedingt und frei von Rechten Dritter zustehen, die Nutzung durch den Franchisenehmer auf Basis und unter Beachtung der vertraglichen Regelungen mithin rechtmäßig erfolgt. Sollten diesem durch die Nutzung nicht bestehender Rechte Nachteile entstehen, sollten die Parteien Regelungen über eine Freistellung des Franchisenehmers von Schadensersatzansprüchen berechtigter Dritter sowie eigene Schadensersatzansprüche treffen.

6.8 Gebietsschutz

Zwischen den Parteien des Franchisevertrages sollte die Frage des territorialen Schutzes des Franchisenehmers eindeutig geregelt werden.

Diese Frage ist zumeist Gegenstand intensiver Diskussionen.

So entrichtet der Franchisenehmer seine Franchisegebühren an den Franchisegeber, um im Gegenzug wirtschaftlich u. a. von dessen bewährten Geschäftskonzept, dessen Markenbekanntheit und Unterstützung zu profitieren. Dies geht für ihn mit einer Senkung des wirtschaftlichen Risikos einher, die ansonsten im Rahmen einer Neugründung ins Kalkül zu ziehen wären. Dieser Intention würde nun nicht hinreichend Rechnung getragen, wenn der Franchisegeber dazu berechtigt wäre, uneingeschränkt weitere Franchiseverträge abzuschließen und daher in einem bestimmt definierten Gebiet Konkurrenz für den Franchisenehmer zu schaffen, welche sich für diesen als unmittelbar wirtschaftlich nachteilig, ggf. ruinös, darstellt. Der Gebietsschutz dient daher der Sicherheit und Planbarkeit für den Franchisenehmer.

Auf der anderen Seite darf jedoch nicht verkannt werden, dass der Franchisegeber ein Interesse an der (weiteren) Marktdurchdringung und Steigerung des Bekanntheitsgrades seiner eigenen Marke zeichnet und dies in dem zugewiesenen Gebiet nicht durch eine eigene wirtschaftliche Betätigung, sondern nur durch die Aktivitäten seines Vertragspartners, des Franchisenehmers, erreichen kann.

Zwischen den Parteien sollte daher offen abgestimmt werden, wie mit dieser Thematik umgegangen werden soll. Rechnung getragen werden könnte dem Interessenwiderstreit beispielsweise durch die Größenfestsetzung der geschützten Gebiete anhand von wirtschaftlichen Kennzahlen oder aber durch eine Art Aufforderungsrecht des Franchisegebers an den Franchisenehmer, ungenutzte Potenziale auszuschöpfen und bei mangelnder Bereitschaft, Erlaubnis einer weiteren Lizenzvergabe.

6.9 Pflichten Franchisegeber

Die Pflichten des Franchisegebers sollten genau beschrieben werden. Sie können sich in Abhängigkeit des Franchisesystems durchaus umfangreich gestalten. Gerade in der Pflege erweisen sich die Leistungen als mitunter als für den Franchisenehmer essentiell, zumindest wenn dieser mit der Führung eine Pflegebetriebes Neuland betritt.

So sollten Pflichten des Franchisegebers je nach Einzelfall mindestens in der Überlassung und turnusmäßigen Fortschreibung seines schlüsselfertigen Franchisekonzeptes; das unter anderem die Übergabe des *„Systemhandbuches"/„Franchise-Handbuches"* beinhaltet; in der Einräumung von Lizenzrechten zur Nutzung von Marken etc.; in dem Transfer von Know-how, in der Durchführung von Schulungen und regelmäßigen Fortbildungen, insbesondere auch bezüglich Gesetzesmodifikationen, Neuerungen in der Pflege bzw. Änderungen von Pflegestandards; in der Hilfestellungen bei betriebswirtschaftlichen Belangen; in der Hilfestellung bei rein pflegespezifischen Belangen; in der Unterstützung bei dem Umgang mit den Pflegebehörden, insbesondere im Zulassungsverfahren gemäß § 72 SGB XI; in der Hilfestellung bei Qualitätsmanagementfragestellungen; in der Hilfestellung bei der laufenden eigenständige Durchführung von sowie der Betreuung und Hilfe bei Marketingmaßnahmen, in der Hilfe bei der Anwerbung von Pflegefachkräften und vielem mehr bestehen.

6.10 Pflichten Franchisenehmer

Auch die dem Franchisenehmer obliegenden Pflichten sollten präzise beschrieben werden und können umfangreicher Natur sein. Auf die Fragen im Kontext einer potenziellen Scheinselbständigkeit ist bereits unter Gliederungsziffer 6.2 näher eingegangen worden.

So obliegt dem Franchisenehmer zunächst einmal der operative Pflegebetrieb unter Beachtung der gesetzlichen Vorgaben, insbesondere im SGB XI sowie bei Einhaltung der im *„Systemhandbuch"* niedergelegten Pflegestandards und- qualitäten; das Führen einer lückenlosen und rechtssicheren Pflegedokumentation; die Beschaffung, Anstellung und der Einsatz von genügend qualifizierten Pflegefachkräften und einer geeigneten Pflegedienstleitung; die Schulung und Weiterbildung des Personals in sämtlich relevanten Gebieten; das pünktliche Entrichten der Franchisegebühren; die Durchführung von Investitionen; die rechtzeitige Zurverfügungstellung von Unternehmenskennzahlen und Berichten; Meldepflichten bei Markenrechtsverletzungen Dritter; die Beachtung von Marken und Loyalitätspflichten und vielen mehr.

6.11 Laufzeit des Vertrages

Nachdem der Franchisegeber umfangreiche Investitionen tätigt, ggf. zusätzliche eine Eintrittsgebühr entrichtet, zeichnet er ein Interesse an einer möglichst langen festen Vertragslaufzeit. Auch der Franchisegeber dürfte über eine vergleichbare Interessenlage verfügen, nachdem es ja gerade Sinn und Zweck des Franchisesystem ist, eine Steigerung Marktpräsenz nicht durch eigene diesbezügliche unmittelbare Geschäftstätigkeiten, sondern mittelbar über diejenigen des Franchisenehmers herbeizuführen.

Vor diesem Hintergrund sind Franchiseverträge mit unbestimmter Laufzeit, welche dann durch den Franchisegeber unter Beachtung der in § 89 HGB (analog) normierten kurzen Fristen (je nach Laufzeit des Vertrages zwischen einem und sechs Monaten) gekündigt werden können, als nicht üblich anzusehen. Selbst für den Fall einer unbestimmten Laufzeit kann indes die fristgemäße Kündigung des Franchisegebers im Einzelfall als treuwidrig im Sinne des § 242 BGB und damit unwirksam anzusehen sein, wenn dem Franchisenehmer dadurch die Möglichkeit genommen wird, seine Investitionen amortisieren zu lassen.

In der Pflegepraxis erweisen sich daher Verträge mit festen Laufzeiten zwischen nicht unter fünf und zehn Jahren mit ggf. einer oder mehrerer Verlängerungsoptionen als üblich. Letztgenannte sind dabei oftmals an die zuvor erfolgte ordnungsgemäße Vertragserfüllung (beispielsweise der Einhaltung der Vorgaben im *„Systemhandbuch“;* fristgemäße vollständige Zahlung von Franchisegebühren etc.) gekoppelt.

Der Franchisenehmer sollte in diesem Kontext bei der Vereinbarung von Optionen die finanziellen Rahmenbedingungen im Auge behalten, nachdem die Ausübung der Verlängerungsoption mitunter an die Zahlung einer neuen, oftmals auch reduzierten, Eintrittsfee geknüpft ist.

Für den Fall der Vereinbarung einer festen Laufzeit ist eine Kündigung des Vertrages nur noch außerordentlich aus wichtigem Grunde gemäß § 314 BGB möglich. Wie sich aus § 314 Absatz 1 BGB ergibt, kann jeder Vertragsteil Dauerschuldverhältnisse aus wichtigem Grund ohne Einhaltung einer Kündigungsfrist kündigen. Ein wichtiger Grund liegt vor, wenn dem kündigenden Teil unter Berücksichtigung aller Umstände des Einzelfalls und unter Abwägung der beiderseitigen Interessen die Fortsetzung des Vertragsverhältnisses bis zur vereinbarten Beendigung oder bis zum Ablauf einer Kündigungsfrist nicht zugemutet werden kann.

Wann ein wichtiger Grund – es handelt sich um einen unbestimmten Rechtsbegriff – anzunehmen ist, bleibt der Ausbildung durch die Literatur und Rechtsprechung überlassen. Wenngleich sich auf Referenzentscheidungen des Bundesgerichtshofes in bestimmten Fällen berufen werden kann, empfiehlt es sich, in dem Franchisevertrag selbst Fallkonstellationen zu vereinbaren, in welchem dem Franchisegeber und/oder dem Franchisenehmer ein Sonderkündigungsrecht zusteht. Grundsätzlich wird jedoch davon auszugehen sein, dass wegen der Versorgungssicherheit von Pflegepatienten die Hürden für eine außerordentliche Kündigung nach § 314 BGB als hoch gesetzt angesehen werden müssen.

Als wesentliche Gründe für eine außerordentliche Kündigung aufseiten des Franchisegebers dürften indes der Verlust der für den Pflegebetrieb benötigen Zulassung des Franchisenehmers nach § 72 SGB XI; das Stellen eines Insolvenzantrages respektive die Eröffnung oder Ablehnung der Eröffnung eines Insolvenzverfahrens über das Vermögen des Franchisenehmers oder im Extremfall ein Abrechnungsbetrug des Franchisenehmers gegenüber der Pflegekasse oder gegenüber dem Franchisegebers bei der Mitteilung von Berechnungsgrundlagen darstellen. Auch dürfte in der Erbringung mangelhafter Pflegeleistungen und evidenten Verstößen gegen Pflegestandards, welche zu einer Gefährdung des Patientenwohls führen können, ein Recht des Franchisegebers zur unmittelbaren Lösung des Vertrages angenommen werden dürfen. Zu bedenken gilt es in diesem Kontext immer, dass es gerade der Ruf des Franchisegebers ist, der durch ein potenziell vertragswidriges Verhalten geschädigt wird und daher für Letztgenannten eine ordnungsgemäße Vertragserfüllung von eminenter Bedeutung ist.

Auch dem Franchisenehmer steht das Recht zur außerordentlichen Kündigung des Vertrages aus wichtigem Grund zu. Von derartigen Fallkonstellationen dürfte beispielsweise auszugehen sein, wenn der Franchisegeber vorsätzliche Falschangaben in Bezug auf die Rentabilität seines Systems getätigt hat, wenn sich das *„Systemhandbuch"* insbesondere in Hinblick auf das vorgegebene Qualitätsmanagement unter Berücksichtigung der gesetzlichen Vorgaben des SGB XI als vollkommen ungeeignet erweist etc.

Bei vorsätzlichen Falschangaben des Franchisegebers vor Abschluss des Franchisevertrages dürfte sich allerdings nicht die Kündigung, sondern die Rückgängigmachung bzw. Anfechtung des Vertrages als sachdienlicher erweisen.

Die Kündigung eines Vertrages erfolgt immer mit sog. *„ex nunc"* Wirkung, beendet das Vertragsverhältnis mithin ab dem Zeitpunkt des Zugangs einer (rechtswirksamen) Kündigungserklärung. Die bis dato erbrachten und abgerechneten bzw. abzurechnenden Leistungen und Gegenleistungen stehen sich synallagmatisch gegenüber und bleiben per se unberührt. Demgegenüber besitzt die Anfechtung eines Vertrages nach § 123 BGB/die Rückgängigmachung als Folge geltend gemachten Schadensersatzes eine sog. „*ex nunc*“ Wirkung. Das Vertragsverhältnis wird demzufolge als von Beginn an nicht existent angenommen, sodass ein Rückgewährverhältnis entsteht, auf Basis dessen die gegenseitig erbrachten Leistungen zurückgewährt werden müssen bzw. für den Fall der diesbezüglichen Unmöglichkeit Wertersatz geleistet werden muss.

Selbstredend ist es für einen der Franchisevertragspartner auch dann möglich, sich von dem sie verbindenden Franchisevertrag außerordentlich aus wichtigem Grund zu lösen, wenn der anderen Partei Vertragspflichtverletzungen zur Last gelegt werden können.

Hier ist allerdings der Regelungsinhalt von § 314 Absatz 2 BGB zu berücksichtigen. Besteht demnach der wichtige Grund in der Verletzung einer Pflicht aus dem Vertrag, ist die Kündigung erst nach erfolglosem Ablauf einer zur Abhilfe bestimmten Frist oder nach erfolgloser Abmahnung zulässig. Für die Entbehrlichkeit der Bestimmung einer Frist zur Abhilfe und für die Entbehrlichkeit einer Abmahnung findet § 323 Absatz 2 Nummer 1 und 2 entsprechende Anwendung. Die Bestimmung einer Frist zur Abhilfe und eine Abmahnung sind auch entbehrlich, wenn besondere Umstände vorliegen, die unter Abwägung der beiderseitigen Interessen die sofortige Kündigung rechtfertigen.

Vor diesem Hintergrund sollte bei Vertragspflichtverletzungen – je nach deren Gravität – vorsorglich eine Abhilfefrist gesetzt werden, damit die hierauf basierende Kündigung im Streitfalle durch ein erkennendes Gericht nicht unter Hinweis auf eine fehlende Fristsetzung als nicht wirksam erklärt wird. Überdies bleibt zu bedenken, dass die Aussprache einer nicht wirksamen Kündigung der Gegenseite möglicherweise das Recht gibt, sich ihrerseits aus wichtigem Grund von dem Vertragsverhältnis zu lösen und sich der originär (fehlerhaft) Kündigende für diesen Fall sogar Schadensersatzansprüchen ausgesetzt sehen könnte.

Im Fall der vorbeschriebenen Fallsituationen ist überdies ein schnelles Agieren notwendig. Denn ausweislich der Regelung des § 314 Absatz 3 BGB kann der Berechtigte nur innerhalb einer angemessenen Frist kündigen, nachdem er vom Kündigungsgrund Kenntnis erlangt hat. Welcher Zeitraum (gerade) noch als angemessen angenommen werden kann, wird für jeden Einzelfall entschieden werden müssen.

Auszugehen ist dabei von dem Grundsatz, dass die Frist dem Vertrauensschutz des Vertragspartners, dient, der nach einer gewissen Zeit darauf vertrauen können soll, dass der andere Teil trotz des Vorfalls am Vertrag festhält. Als rudimentäre Richtline kann in Abhängigkeit der Komplexität des Kündigungssachverhaltes ein Zeitraum von zwei bis vier Wochen angenommen werden; bei hochkomplexen Fragestellungen können dem Kündigenden im Einzelfall auch längere Zeiträume zugestanden werden.

Entscheidet sich der Erklärende, anstelle einer Kündigung nach § 314 BGB die Anfechtung des Vertrages wegen arglistiger Täuschung gemäß § 123 BGB auszusprechen, steht ihm ein längerer Zeitraum als die vorstehend angegebenen zur Verfügung. So kann die Anfechtung einer nach § 123 BGB anfechtbaren Willenserklärung binnen Jahresfrist erfolgen. Die Frist beginnt dabei im Falle der arglistigen Täuschung mit dem Zeitpunkt, in welchem der Anfechtungsberechtigte die Täuschung entdeckt. Zu beachten ist indes die kenntnisunabhängige Ausschlussfrist. So kann gemäß § 124 Absatz 3 BGB die Anfechtung nicht mehr erklärt werden, wenn seit der Abgabe der Willenserklärung zehn Jahre verstrichen sind.

Gleich ob der Berechtigte den Rücktritt vom Vertrag oder aber die Kündigung erklärt, bleibt ihm das Recht, zusätzlich Schadensersatz zu verlangen, unbenommen, wie sich aus § 325, § 314 Absatz 4 BGB ergibt.

Grundsätzlich kann die Kündigung eines Franchisevertrages aus wichtigem Grund nach § 314 BGB formlos erklärt werden. Der Gesetzgeber hat hier auf das Stautieren einer bestimmten Formvorgabe – wie beispielsweise der Schriftform der Kündigung bei Arbeitsvertragsverhältnissen nach § 623 BGB – verzichtet. Auch die in §§ 119 ff. BGB normierten Anfechtungsmöglichkeiten, so auch die Anfechtung wegen arglistiger Täuschung, unterliegen von Gesetzes wegen keinem Formerfordernis.

Wird jedoch in einem potenziellen Streitverfahren der Parteien vor Gericht die Frage der Wirksamkeit einer ausgesprochenen Kündigung bzw. Anfechtung, was bei einseitigen Willenserklärungen ungeachtet ihrer materiellen Berechtigung erst mit Zugang beim Erklärungsempfänger anzunehmen ist, thematisiert, kommt es zur Anwendung der sog. *„Rosenbergschen Formel“*. Diejenige Partei, welche eine für sich günstige Rechtsfolge erstrebt, hat deren Voraussetzungen zu beweisen. Demzufolge obliegt es dem Kündigenden neben dem Vorliegen der jeweiligen materiellen Voraussetzungen auch den Zugang seiner ausgesprochenen Erklärung bei seinem Vertragspartner zu beweisen.

Vor diesem Hintergrund wird anempfohlen, sowohl ein vertragliches Schriftformerfordernis der Kündigung zu vereinbaren und sodann für einen nachweisbaren ordnungsgemäßen Zugang Sorge zu tragen, was angesichts der neuesten Rechtsprechung in Bezug auf die Versendung eines Einwurfeinschreibens am rechtssichersten durch Boten vorgenommen werden sollte.

6.12 Franchisegebühren

Eine der zentralen Pflichten des Franchisenehmers gegenüber dem Franchisegeber besteht in der Entrichtung der Franchisegebühren.

Deren Höhe ist von dem jeweiligen konkreten Leistungsspektrum, welches zwischen den Parteien vereinbart wird, sowie weiteren Rahmenfaktoren (beispielsweise Markenbekanntheit; Gebietsgröße; Patientenpotenzial, ambulante Pflege, Tagespflege etc.) abhängig.

Grundsätzlich kann indes zwischen drei entgeltpflichtigen Komplexen, der *„Entrance Fee"* für den Eintritt in die Marken-/Franchisewelt des Franchisegebers und der *„perpetuierenden Franchisegebühr"* als gegenseitiges synallagmatisches Leistungsentgelt sowie *„Zusatzgebühren"* differenziert werden.

Die *„Entrance Fee"* umfasst üblicherweise die mit dem Einstieg in die Franchisewelt des Franchisegebers verbundenen Leistungskomplexe, so unter anderem beispielsweise die initiale Lizenzeinräumung, initiale Schulungen bezüglich des Franchisesystems, (Zulassungs-)Verhandlungen mit den Pflegekassen etc. Hier erweisen sich Einmal-Beträge zwischen EUR 10.000,00 bis zu EUR 40.000,00 durchaus als marktüblich und sollten durch den Franchisenehmer im Rahmen seiner Anfangsinvestitionsberechnung unbedingt Berücksichtigung finden. Der Franchisenehmer sollte an dieser Stelle in wirtschaftlicher Hinsicht weitergehend berücksichtigen, wann die Fälligkeit der *„Entrance Fee"* angenommen wird.

Die reine *„Franchisegebühr"* stellt das laufende Entgelt des Franchisenehmers als Gegenleistung für die durch den Franchisegeber zu erbringenden Leistungen dar. Sie wird üblicherweise monatlich im Voraus zum dritten Werktag entrichtet. Aufzupassen ist an dieser Stelle, dass es für die Rechtzeitigkeit der Zahlung (auch ausweislich der üblichen vertraglichen Regelungen) nicht auf die Absendung des Geldes, sondern dem Eingang auf dem Konto des Vertragspartners ankommt.

Die Höhe der laufenden Gebühren ist gleichsam abhängig von dem vorstehend beschriebenen Einzelfallbedingungen. Zumeist wird zwischen den Franchisepartnern eine prozentuale Beteiligung zwischen vier bis acht Prozent des Umsatzes vereinbart. Vereinzelt wird auch auf statische monatliche Gebühren abgestellt. Dies sollte mit Fokus auf die per se ohnehin problematische Abgrenzung zu einer Scheinselbständigkeit indes dezidiert geprüft und abgewogen werden.

Zu Problemen kommt es mitunter bei Umsatz Fees, was genau in den Umsatz einzuberechnen ist. Daher sollten sich die Vertragsparteien bei der Abfassung des Vertrages intensiv abgestimmt und das Ergebnis ihrer Überlegungen in den Vertragstext Eingang finden lassen.

Bei Franchiseverträgen entspricht es der Üblichkeit auf Nettoumsätze abzustellen. Für Unternehmer handelt es sich bei der vereinnahmten Umsatzsteuer um einen *„durchlaufenden Posten"*, d. h. diese wird – ggf. mit Vorsteuer verrechnet – an das Finanzamt weitergeleitet.

Eine Besonderheit ergibt sich bei Franchiseverträgen in der Pflege. Wie sich aus § 4 Nummer 16 c) Umsatzsteuergesetz (UStG) ergibt, sind die eng mit der Betreuung oder Pflege körperlich, kognitiv oder psychisch hilfsbedürftiger Personen verbundenen Leistungen, die erbracht werden von Einrichtungen, mit denen ein Vertrag nach § 132a des Fünften Buches Sozialgesetzbuch, § 72 oder § 77 des Elften Buches Sozialgesetzbuch besteht oder die Leistungen zur häuslichen Pflege oder zur Heimpflege erbringen und die hierzu nach § 26 Abs. 5 in Verbindung mit § 44 des Siebten Buches Sozialgesetzbuch bestimmt sind, von den unter § 1 Abs. 1 Nr. 1 fallenden Umsätzen als steuerfrei anzusehen. Dies, soweit es sich ihrer Art nach um Leistungen handelt, auf die sich die Anerkennung, der Vertrag oder die Vereinbarung nach Sozialrecht oder die Vergütung jeweils bezieht.

Wenn daher der Franchisenehmer im Rahmen seines operativen Geschäftsbetriebs Einnahmen generiert, welche durch die vorstehende Regelung als umsatzsteuerfrei anzunehmen sind und solche die der Umsatzsteuerpflicht unterworfen sind, sollte klarstellend hervorgehoben werden, dass als Bemessungsgrundlage immer lediglich auf den Netto-Umsatz referenziert wird.

Weiter sollten die Franchiseparteien u. a. regeln, ob auf den *„Soll-Umsatz"* oder den *„Ist-Umsatz"* abgestellt wird und wie beispielsweise mit Kürzungen durch die Pflegekassen bei Prüfungen umzugehen ist. Dies kann für den Franchisenehmer durchaus zu erheblichen wirtschaftlichen Konsequenzen, die sich letzten Endes auf seinen unternehmerischen Gewinn auswirken, führen, wie das folgende Beispiel auf Basis angenommener monatlicher Zahlen zeigt:

Einnahmen	Höhe Rechnung EUR	Bemessung *„Brutto-Umsatz"* Rechnung/ unbereinigt EUR	Berechnung *„Netto-Umsatz"* Rechnung/ unbereinigt EUR	Berechnung *„Netto-Umsatz"* Ist/bereinigt EUR
Pflegeleistungen steuerfrei nach § 4 Nr. 16 c) Ust	20.000,00	20.000,00	20.000,00	20.000,00
Steuerpflichtige Einnahmen brutto	23.800,00 (20.000,00 + 3.800,00)	23.800,00	20.000,00	20.000,00
Kürzung Krankenkasse	1.000,00	–	–	./. 1.000,00
Abweichung Rechnung zu Zahlungseingang	1.000,00	–	–	./. 1.000,00
Gesamt		EUR 43.800,00	EUR 40.000,00	EUR 38.000,00
Franchisegebühr (7%)		**EUR 3.066,00**	**EUR 2.800,00**	**EUR 2.660,00**

Abseits der klaren Definition, welche Einnahmen als Berechnungsgrundlage für die Franchisegebühr heranzuziehen sind, sollten sich die Parteien weiter über Divergenzen abstimmen. Die monatlichen Abrechnungen sollten demzufolge lediglich als Vorauszahlung angenommen und eine jährlichen Gesamtabrechnung vereinbart werden. Divergenzen aus den monatlichen addierten Zahlungen zu der Gesamtabrechnung sollten binnen bestimmter Fristen einem Ausgleich durch die Partei, welche eine Überzahlung erhalten bzw. eine Unterzahlung geleistet hat, zugeführt werden.

Zu diesem Zweck sollte der Franchisenehmer dazu verpflichtet werden, binnen einer fest vereinbarten Frist (in Betracht kommt beispielsweise eine solche von drei Monaten analog § 264 Absatz 1 HGB) nach Ablauf des relevanten Geschäftsjahres testierte Zahlen vorzulegen.

Weiter sollte dem Franchisegeber vertraglich das Recht eingeräumt werden, selbst oder durch einen zur Berufsverschwiegenheit verpflichteten Dritten (beispielsweise Rechtsanwälte, Steuerberater, Wirtschaftsprüfer) Einblick in die Buchhaltungsunterlagen des Franchisenehmers nehmen zu lassen.

Schlussendlich können in Abhängigkeit des konkreten Franchisesystems weitere monatliche Zusatzgebühren anfallen. Solche sind denkbar für die Einbettung in das IT-System des Franchisegebers und Inanspruchnahme von IT-Leistungen oder aber für die Erbringung von Marketingleistungen durch den Franchisegeber (abseits eigener Marketingmaßnahmen des Franchisenehmers). Diese werden – je nach Abrede der Parteien – entweder in Form monatlicher Pauschalen oder aber wieder als prozentuale Variable (ca. ein bis zwei Prozent) erhoben.

6.13 Haftung der Vertragsparteien

Die Frage nach der Haftung der Vertragspartner ist von zentraler Bedeutung und erweist sich – insbesondere vor dem Hintergrund der Einbettung des Franchisenehmers in das Franchisesystem sowie des von ihm zu verwendenden Systemhandbuchs, in welchen sich auch zwingende Vorgaben bezüglich des Qualitätsmanagements finden – als durchaus diffizil. Den Parteien ist daher anzuraten, sich im Vorfeld des Vertrages mit dem gewünschten Haftungsregime dezidiert auseinanderzusetzen und die Ergebnisse wiederum Eingang in den Franchisevertrag finden zu lassen.

Vom Grundsatz her ist zwischen zwei Rechtssphären zu trennen; dem *„Innenverhältnis“* zwischen Franchisegeber und Franchisenehmer sowie dem *„Außenverhältnis“* zwischen Franchisenehmer und dessen Vertragspartnern, so beispielsweise Vermieter von Pflegeimmobilien, Lieferanten, Patienten etc.

Haftung im Innenverhältnis

Die (potenzielle) Erwirtschaftung von Gewinnen ist zunächst einmal einzig der Verantwortungssphäre des Franchisenehmers als operativen Betriebsinhaber des Pflegebetriebs und letzten Endes dessen Geschick zuzuordnen.

Im Innenverhältnis zwischen Franchisenehmer und Franchisegeber schließt daher Letztgenannter üblicherweise jegliche Haftung für den wirtschaftlichen Erfolg des Franchiseunternehmers aus.

Zudem wird versucht, gleichsam die Haftung für schuldhafte Vertragsverletzungen auszuschließen, zumindest aber einzuschränken. Dies ist jedoch lediglich in partiellem Umfang möglich.

Ein vollständiger Haftungsausschluss ist beispielsweise in den Fallgestaltungen nicht möglich, wenn der Franchisegeber bei Abschluss des Vertrages vorsätzlich fehlerhafte wirtschaftliche Kennzahlen kundgetan hat. Wie sich aus § 276 Absatz 3 BGB ergibt, kann dem Schuldner die Haftung wegen Vorsatzes nicht im Voraus erlassen werden. Weitergehend sieht § 444 BGB die Versagung eines Haftungsausschlusses vor, der in analoger Anwendung Platz greift. So kann sich der Verkäufer auf eine Vereinbarung, durch welche die Rechte des Käufers wegen eines Mangels ausgeschlossen oder beschränkt werden, nicht berufen, soweit er den Mangel arglistig verschwiegen oder eine Garantie für die Beschaffenheit der Sache übernommen hat.

Schlussendlich dürften sich auch Haftungsausschlüsse des Franchisegebers, welche seine Haftung für *„grob fahrlässiges Verhalten"* ausnehmen, als unwirksam erweisen. Wie bereits dargelegt, dürfte es sich bei Franchiseverträgen, die dem Franchisenehmer durch den Franchisegeber gestellt werden, in den meisten Fällen um Allgemeine Geschäftsbedingungen handeln. Wie sich aus § 309 Nummer 7 b) BGB ergibt, ist eine Vorschrift in Allgemeinen Geschäftsbedingungen unwirksam, die einen Ausschluss oder eine Begrenzung der Haftung für sonstige Schäden, die auf einer grob fahrlässigen Pflichtverletzung des Verwenders oder auf einer vorsätzlichen oder grob fahrlässigen Pflichtverletzung eines gesetzlichen Vertreters oder Erfüllungsgehilfen des Verwenders beruhen, vorsieht. Zwar findet diese Beschränkung zwischen Unternehmern nicht direkt Anwendung, dürfte aber als Grundintention über § 307 BGB Platz greifen.

Haftung im Außenverhältnis

Franchisegeber und Franchisenehmer sind zunächst einmal eigenständige Unternehmer, die als solche auch losgelöst voneinander am Rechtsverkehr teilnehmen und ihren jeweiligen Vertragspartnern bei schuldhaften Vertragspflichtverletzungen ersatzpflichtig zeichnen.

Vor diesem Hintergrund weist der Franchisegeber, der im Rahmen des Franchisevertrages zunächst einmal nicht in den operativen Betrieb des Franchisenehmers eingebunden ist, diesem üblicherweise die uneingeschränkte Verantwortung zu und vereinbart eine sog. Freistellungsklausel, wonach der Franchisenehmer den Franchisegeber von jeglichen Ansprüchen Dritter (beispielsweise Patienten, Angehörige, Kassen) freizustellen hat, die aus dessen betrieblichen Sphäre herrühren.

Allerdings bleibt nun aber zu berücksichtigen, dass im Rahmen des Pflegefranchisevertrages eben keine vollkommene Trennung der betrieblichen Sphären angenommen werden kann, nachdem der Franchisenehmer in das von dem Franchisegeber entwickelte und vertraglich zugrunde gelegte Franchisesystem eingebunden ist und beispielsweise seine Leistungen unter Beachtung von dessen *„Systemhandbuch"* zu erbringen hat.

Demzufolge dürfte bezüglich der Haftungsfreistellung des Franchisegebers von Ansprüchen Dritter durch den Franchisenehmer mit Blick auf die Anspruchsgrundlage – schuldrechtliche oder deliktsrechtliche Ansprüche – zu differenzieren sein.

Schuldrechtliche Verträge entfalten zunächst lediglich eine *„inter partes"* Wirkung, berechtigen und verpflichten daher nur die vertragsschließenden Parteien. Demzufolge ist der Vertragspartner des Franchisenehmers, beispielsweise ein Patient, gehalten, sich insoweit bei einem erlittenen Schaden direkt an den Franchisenehmer zu wenden.

Direkte Ansprüche eines Dritten (beispielsweise des Patienten) gegen den Franchisegeber kämen allenfalls über das Rechtsinstitut des VSD, des sogenannten Vertrages mit Schutzwirkung Dritter, in Betracht, wofür allerdings vier Voraussetzungen erfüllt sein müssen. Zunächst einmal hat eine ***Leistungsnähe*** zu bestehen. Mit anderen Worten muss der Dritte mit der (fehlerhaften) Leistung bestimmungsgemäß in Kontakt gekommen sein. Weiterhin muss ein sogenanntes ***Einbeziehungsinteresse*** gegeben sein, wonach der Gläubiger (hier der Franchisenehmer) ein berechtigtes Interesse am Schutz des Dritten zeichnet. Dies sind Fallgestaltungen, in welchen der Gläubiger für das *„Wohl und Wehe"* des Dritten verantwortlich ist oder aber allgemein ein besonderes Interesse an der Einbeziehung vorliegt und der Vertrag, hier der Franchisevertrag, dahingehend ausgelegt werden kann. Sodann muss für den Schuldner, hier dem Franchisegeber, eine ***Erkennbarkeit*** der Leistungsnähe und des Einbeziehungsinteresses vorliegen. Die vierte und abschließende Voraussetzung liegt in der ***Schutzbedürftigkeit*** des Dritten. Selbige ist zu negieren, wenn der Dritte aus eben jenem Lebenssachverhalt einen eigenen, mindestens gleichwertigen vertraglichen Anspruch gegenüber einer anderen Person, insbesondere gegen den Gläubiger, geltend machen kann. Dies ist dann der Fall, wenn der Anspruch dem Dritten im Kern denselben Schutz und denselben

Schadensersatz bietet wie der Anspruch über VSD. Dies ist abzulehnen, wenn lediglich deliktische Ansprüche in Betracht kommen, da diese nicht mit den vertraglichen Ansprüchen – so etwa in Bezug auf den Umfang der zu ersetzenden Schäden – gleichzusetzen sind. Zu beachten ist an dieser Stelle zudem, dass eine mangelnde finanzielle Leistungsfähigkeit des ersatzpflichtigen Schuldners (hier beispielsweise des Franchisenehmers) für den Gläubiger (hier beispielsweise des Patienten) nicht von Belang ist. Auch wenn und soweit daher über das Vermögen des Franchisenehmers ein Insolvenzverfahren eröffnet oder mangels Masse abgelehnt werden würde, würde dies keine Schutzbedürftigkeit des Dritten begründen.

Im Ergebnis dürfte bei Franchiseverträgen in der Pflege das Rechtsinstitut des VSD daher nicht zur Anwendung gelangen, nachdem zwischen dem geschädigten Patienten und dem Franchisenehmer ein Versorgungsvertrag besteht und daher aufgrund eines eigenen vertraglichen Anspruches eine Schutzbedürftigkeit entfällt.

Ein Schadensersatzanspruch, beispielweise des Patienten, gegen den Franchisegeber könnte sich aber aus den deliktsrechtlichen Vorschriften der §§ 823 ff. BGB ergeben. So ist nach § 823 Absatz 1 BGB, derjenige, der vorsätzlich oder fahrlässig das Leben, den Körper, die Gesundheit, die Freiheit, das Eigentum oder ein sonstiges Recht eines anderen widerrechtlich verletzt, dem anderen zum Ersatz des daraus entstehenden Schadens verpflichtet.

Denkbar sind in diesem Kontext weiter Ansprüche des Dritten gegen den Franchisegeber bei Fallgestaltungen, in denen der Franchisenehmer gegenüber Dritten (beispielsweise den Patienten) den Rechtsschein erweckt, diese würden direkt mit dem Franchisegeber kontrahieren. Zudem kommt ein direkter Anspruch eines Dritten gegen den Franchisegeber wegen der Inanspruchnahme eines Vertrauens in besonderem Maße gemäß § 311 Absatz 3 BGB in Betracht. Weiter solche, in denen der Franchisegeber bei der Auswahl des Franchisenehmers keine ordnungsgemäße Sorgfalt an den Tag gelegt hat oder im Rahmen der fortdauernden Vertragsbeziehung trotz erkennbarer Mängel und/oder Fehlerhaftigkeit bei der Erbringung von Pflegeleistungen des Franchisenehmers keine Maßnahmen ergriffen hat. Schlussendlich kommen Fehler bei der Abfassung und fortdauernden Aktualisierung des *„Systemhandbuches"* in Betracht.

Die Rechtsscheinhaftung ist ein Rechtsinstitut, welches aus einem tragenden Prinzip des BGB, dem Treu und Glauben nach § 242 BGB, deriviert wurde. Tritt der Franchisenehmer im Rechtsverkehr beispielsweise einzig unter dem Namen des Franchisegebers und durch Verweise auf dessen Unternehmen auf und erweckt dadurch bei einem objektiven Dritten den Eindruck, dass der Vertrag direkt mit dem Franchisegeber abgeschlossen werde, kommt eine direkte Inanspruchnahme des Letztgenannten in Betracht. Denkbar wäre dies in den Fällen, in denen lediglich ein einheitliches Erscheinungsbild als Corporate Identity im Rahmen der Marktbetätigung erkennbar ist. Ob der Franchisegeber dann vollständig auf den Freistellungsanspruch rekurrieren kann, könnte sich indes im Einzelfall als fraglich erweisen, wenn dieser bei ordnungsgemäßer Überwachung seines Vertragspartners dessen rechtsscheinhaftungsbegründendes Verhalten festgestellt hätte und entsprechende Maßnahmen, beispielsweise Unterlassungsaufforderungen, hätte ergreifen können.

Ein selbständiger Anspruch des Dritten gegen den Franchisegeber kann ggf. auch aus § 311 Absatz 3 BGB abgeleitet werden. Ein Schuldverhältnis mit Pflichten nach § 241 Absatz 2 BGB kann nach vorbezeichneter Regelung auch zu Personen entstehen, die nicht selbst Vertragspartei werden sollen. Ein solches Schuldverhältnis entsteht insbesondere, wenn der Dritte in besonderem Maße Vertrauen für sich in Anspruch nimmt und dadurch die Vertragsverhandlungen oder den Vertragsschluss erheblich beeinflusst. Sollte daher der Dritte beispielsweise mit dem Franchisegeber direkt in Kontakt getreten sein und erhält von diesem bestätigt, dass es sich bei dem Franchisenehmer um ein Pflegeunternehmen handelt, dem unbedingtes Vertrauen geschenkt werden könne und dessen Leistungen sich als hervorragend ausnehmen, wäre eine direkte Haftung denkbar, wenn der Franchisegeber diese Aussagen ins Blaue getätigt hat, ohne dass er die inhaltliche Richtigkeit anhand von eigenen Feststellungen geprüft hatte. Ein vollständiger Rückgriff im Rahmen der Freistellung auf den Franchisenehmer erscheint auch in diesen Fallgestaltungen durchaus als fraglich, nachdem letzten Endes ein eigenes haftungsbegründenden Verschulden des Franchisegebers zur Disposition steht.

Fehler bei der Auswahl und Überwachung des Franchisenehmers mögen vielleicht im Einzelfall einen deliktischen Anspruch des Dritten, beispielsweise des Patienten, begründen. Ein vollständiger Freistellungsanspruch des Franchisegebers gegen den Franchisenehmer dürfte auch in diesen Fällen nicht angenommen werden können, nachdem es sich hier um eine rein originäre (deliktische) Pflichtverletzung des Franchisegebers handelt, für die dem Franchisenehmer keine Verantwortung zugewiesen werden kann.

Sollte das *„Systemhandbuch“* einen (erkennbaren) Fehler aufweisen, denkbar wären solche beispielsweise im Qualitätsmanagement, und der Patient aufgrund der Anwendung dieser fehlerhaften Vorgaben durch den Franchisenehmer eine Verletzung seines Körpers erleiden, könnte dieser einen direkten Anspruch gegen den Franchisegeber ins Auge fassen. Daneben bestünde der deliktsrechtliche Anspruch gegen den Franchisenehmer, sowohl aus Vertrag als auch aus Delikt.

Haften nun aber dem Geschädigten mehrere Personen aus unerlaubter Handlung, so greift der Regelungsinhalt des § 840 Absatz 1 BGB. Sind für den aus einer unerlaubten Handlung entstehenden Schaden mehrere nebeneinander verantwortlich, so haften sie als Gesamtschuldner. Schulden mehrere eine Leistung in der Weise, dass jeder die ganze Leistung zu bewirken verpflichtet, der Gläubiger aber die Leistung nur einmal zu fordern berechtigt ist (Gesamtschuldner), so kann der

Gläubiger die Leistung nach seinem Belieben von jedem der Schuldner ganz oder zu einem Teil fordern. Bis zur Bewirkung der ganzen Leistung bleiben sämtliche Schuldner verpflichtet, wie sich aus § 421 BGB ergibt. Mit anderen Worten kann sich in vorliegenden Fallkonstellationen der Patient aussuchen, ob er – auf deliktsrechtlicher Grundlage – entweder der Franchisegeber oder aber den Franchisenehmer in Anspruch nimmt.

Allerdings führt die gesamtschuldnerische Haftung gemäß § 426 BGB zu einer internen Ausgleichspflicht der Gesamtschuldner. So sind nach § 426 Absatz 1 BGB die Gesamtschuldner im Verhältnis zueinander zu gleichen Anteilen verpflichtet, soweit nicht ein anderes bestimmt ist. Kann von einem Gesamtschuldner der auf ihn entfallende Beitrag nicht erlangt werden, so ist der Ausfall von den übrigen zur Ausgleichung verpflichteten Schuldnern zu tragen. Soweit ein Gesamtschuldner den Gläubiger befriedigt und von den übrigen Schuldnern Ausgleichung verlangen kann, geht die Forderung des Gläubigers gegen die übrigen Schuldner auf ihn über. Der Übergang kann nicht zum Nachteil des Gläubigers geltend gemacht werden, wie sich aus § 426 Absatz 2 BGB ergibt.

Auch in den Fallgestaltungen, in denen dem Franchisegeber daher durch den Dritten ein deliktsrechtliches Fehlverhalten zur Last gelegt werden kann, kommt durchaus ein zumindest partieller Rückgriff auf den einen Schaden mitverschuldenden Franchisenehmer in Betracht.

6.14 Wettbewerbsverbot

Wettbewerbsverbote sind für die Vertragsparteien von essentieller Bedeutung. Der Franchisenehmer zeichnet ein Interesse daran, dass er während der Laufzeit des Franchisevertrages keine Systempartner-Konkurrenz erhält, die sein Umsatzpotenzial und damit letzten Endes Gewinne schmälert. Der Franchisegeber demgegenüber überträgt umfangreiches Knowhow und generiert über die vereinbarten Entgelte seine Umsätze und Gewinn, sodass diese nicht innerhalb des Franchisesystems durch ein Tätigwerden des Franchisenehmers für einen Mitkonkurrenten geschmälert werden sollen.

Das Sicherungsmoment für den Franchisenehmer kann und sollte man als Regelungsinhalte innerhalb des Gebietsschutzes implementieren.

Für den Franchisegeber bietet sich eine eigenständige vertragliche Regelung an. Zu differenzieren ist in diesem Zusammenhang zwischen dem Wettbewerbsverbot während der Vertragslaufzeit und demjenigen nach Beendigung des Vertrages.

Während der Vertragslaufzeit wird ein Wettbewerbsverbot zum Schutz von Knowhow des Franchisesystems als zulässig angesehen. Hierzu kann auf die sogenannte *„Pronuptia-Entscheidung“* des europäischen Gerichtshofes als Grundsatzurteil zur Beurteilung von Wettbewerbsbeschränkungen im Franchiseverträgen auch in Bezug auf EU-kartellrechtliche Fragestellungen zurückgegriffen werden. Bis dato ist anerkannt, dass ein Wettbewerbsverbot zum Schutz von Know-how des Franchisesystems zulässig ist und unbeschränkt von dem jeweiligen Ort des Franchisebetriebs gilt. Für Fälle der schuldhaften Zuwiderhandlung gegen das Wettbewerbsverbot kann über die Implementierung einer angemessenen Vertragsstrafenregelung ungeachtet der Möglichkeit, gleichsam einen darüberhinausgehenden Schadensersatz ersetzt zu verlangen, nachgedacht werden.

Differenzierter zu betrachten sind abstrakt betrachtet ***nachvertragliche Wettbewerbsverbote***. Klauseln, die sich auch unter Berücksichtigung der Vorgaben des Rechts der Allgemeinen Geschäftsbedingungen als rechtswirksam ausnehmen, müssen gewisse Mindestvoraussetzungen beachten.

So sollte abgestellt werden bei der Beschränkung auf die Person des Franchisenehmers. Sodann sollte präzise abgefasst werden, welche Tätigkeiten dem (ehemaligen) Franchisenehmer untersagt werden sollen. Üblicherweise wird darauf abgehoben, dass dieser sich nicht mittel- und/oder unmittelbar an einem Wettbewerbsunternehmen beteiligen, ein solches gründen bzw. erwerben und führen bzw. für ein solches tätig sein oder ein solches in jeglicher Form fördern (beispielsweise durch dessen Führung, Beratung, Finanzierung etc.) darf. In diesem Kontext sollte jedoch darauf geachtet werden, dass sich die Restriktionen lediglich auf solche Unternehmungen beziehen, welche in einem direkten oder aber indirekten Wettbewerb zu dem Franchisegeber stehen. Das Verbot einer jeglichen unternehmerischen Bestätigung würde sich als unwirksam erweisen. Weiter kann sich die Beschränkung – und hier ist zu dem vertraglichen Wettbewerbsverbot zu differenzieren – lediglich auf das ehemalige Franchisevertragsgebiet beziehen. Ein gesondertes Augenmerk ist zudem auf die zeitliche Beschränkung zu legen. Artikel 5 Vertikal-GVO sieht eine zeitliche Beschränkung von maximaler Laufzeit von einem Jahr vor; § 90a Absatz 1 Handelsgesetzbuch (HGB) – auch wenn es sich bei dem Franchisenehmer nicht um einen Handelsvertreter handelt, kommt die Regelung analog zum Tragen – von zwei Jahren vor. Zur Sicherheit sollte daher das nachvertragliche Wettbewerbsverbot mit einer Laufzeit von maximal einem Jahr bemessen werden. Schlussendlich bleibt der Topos der Karenzentschädigung zu thematisieren. Während teilweise die Ansicht vertreten wird, dass eine solche nicht expressis verbis vereinbart werden müsse, nachdem sich selbige Verpflichtung zur angemessenen Zahlung aus § 90a Absatz 1 HGB ergebe, wird in der Rechtsprechung unter Verweis auf § 307 Absatz 1 Satz 1 i. V. m. Satz 2 BGB von einer unangemessenen Benachteiligung und damit Unwirksamkeit der Klausel ausgegangen, wenn keine Regelung ob der gesetzlich vorgeschriebenen Karenzentschädigung enthalten ist, sodass sich hier eine Aufnahme dringend empfiehlt. Welche Entschädigung als angemessen bzw. noch angemessen angenommen werden kann, wird für jeden Einzelfall zu entscheiden sein. Denken mag man in diesem Zusammenhang auf einen annuitätischen Gewinn des Franchisenehmers; im Übrigen können als Überlegungsgrundlagen die wirtschaftliche Sicherung des Franchisenehmers, dessen alternativ möglichen Erwerbschancen, die wirtschaftliche Bedeutung etc. Eingang finden.

Der Franchiseparteien sollten an dieser Stelle weiter mit den Vorgaben des § 90a Absatz 2 und 3 HGB vertraut sein. Danach kann der Unternehmer bis zum Ende des Vertragsverhältnisses schriftlich auf die Wettbewerbsbeschränkung mit der Wirkung verzichten, dass er mit dem Ablauf von sechs Monaten seit der Erklärung von der Verpflichtung zur Zahlung der Entschädigung frei wird. Kündigt ein Teil das Vertragsverhältnis aus wichtigem Grund wegen schuldhaften Verhaltens des anderen Teils, kann er sich durch schriftliche Erklärung binnen einem Monat nach der Kündigung von der Wettbewerbsabrede lossagen.

Allerdings dürfte die Vereinbarung eines nachvertraglichen Wettbewerbsverbotes für den vorbeschriebenen Zeitraum von einem Jahr für den Franchisenehmer in der Pflege nicht akzeptabel sein. Zu bedenken gilt es, dass er eine Vielzahl eigener Verträge, so etwa Mietverträge, Versorgungsverträge und vor allem Verträge mit den Patienten abgeschlossen hat, die nicht ohne weiteres einer zeitnahen Beendigung zugeführt werden können. So kann beispielsweise der Versorgungsvertrag gemäß § 74 Absatz 1 SGB XI von jeder Vertragspartei mit einer Frist von einem Jahr ganz oder teilweise gekündigt werden, von den Landesverbänden der Pflegekassen jedoch nur, wenn die zugelassene Pflegeeinrichtung nicht nur vorübergehend eine der Voraussetzungen des § 72 Absatz 3 Satz 1, Absatz 3a oder Absatz 3b nicht oder nicht mehr erfüllt; dies gilt auch, wenn die Pflegeeinrichtung ihre Pflicht wiederholt gröblich verletzt, Pflegebedürftigen ein möglichst selbständiges und selbstbestimmtes Leben zu bieten, die Hilfen darauf auszurichten, die körperlichen, geistigen und seelischen Kräfte der Pflegebedürftigen wiederzugewinnen oder zu erhalten und angemessenen Wünschen der Pflegebedürftigen zur Gestaltung der Hilfe zu entsprechen.

Abseits des Wettbewerbsverbotes empfiehlt es sich aber für den Franchisegeber ein sog. „*Abwerbeverbot*" vertraglich zu vereinbaren, wonach es dem Franchisenehmer untersagt wird, während der Dauer des Wettbewerbsverbotes Mitarbeiter des Franchisegebers oder anderer (nachfolgender) Franchisenehmer abzuwerben und/oder zu beschäftigen.

6.15 Versicherungen

Der Franchisevertrag bildet zunächst einmal nur die grundlegenden Rechte und Pflichten der beiden Parteien ab. Das Vorliegen einer Anspruchsgrundlage führt zwar dazu, dass der Vertragspartner hierauf ggf. im Klagewege in Anspruch genommen werden kann. Ob dieser Anspruch letzten Endes wirtschaftlich durchzusetzen ist oder aber mangels finanzieller Mittel des Verpflichteten, lediglich *„auf dem Papier"* besteht, ist demgegenüber eine vollkommen losgelöste Fragestellung. Zur Absicherung kann und sollte man daher– je nach konkreter Fallgestaltung – das Thema des Abschlusses diverser Versicherungen durch den Franchisenehmer zur Sprache bringen.

Denkbar sind dabei die Verpflichtung zum Vorhalten einer sog. Betriebshaftpflichtversicherung. Eine solche sichert im Wesentlichen Risiken ab, die im Zusammenhang mit den betrieblichen Risiken des Franchisenehmers gegenüber Dritten liegen und gewährleisten den Ersatz von Person- und Sachschäden, beispielsweise wenn ein Patient des Franchisenehmers durch eine schuldhafte Fehlversorgung eine Körperverletzung erleiden würde. Derartige Positionen können – je nach der Höhe einer entsprechenden Zahlungspflicht – Unternehmen durchaus in wirtschaftliche Bedrängnis bringen, sodass auf den Abschluss einer solchen mit hoher Mindestversicherungssumme abgestellt werden sollte.

Überdies bietet es sich an, auf den Abschluss einer ***gewerblichen Inhaltsversicherung*** abzustellen, mit welcher die technische und kaufmännische Betriebsausstattung sowie Waren und Vorräte des Franchisenehmers gegen Schäden, die durch die versicherten Gefahren (beispielsweise Feuer, Leitungswasser, Einbruchdiebstahl etc.) entstehen können, abgesichert werden. Hierdurch wird gewährleistet, dass dem Franchisenehmer schnell finanzielle Mittel zur Wiederherstellung seines Geschäftsbetriebs zur Verfügung stehen und somit Umsätze generiert werden können, auf deren Basis der zu zahlende Franchisebetrag kalkuliert wird.

Von weitaus größerer Bedeutung erweist sich überdies die sog. Betriebsunterbrechungsversicherung. Eine solche, oftmals als Ertragsausfallversicherung bezeichnet, schützt Unternehmen vor existenzbedrohenden finanziellen Folgen, wenn der Geschäftsbetrieb durch einen versicherten Sachschaden stillsteht. Sie deckt neben laufenden Fixkosten (beispielsweise Gehältern, Miete) auch den entgangenen Gewinn für einen definierten Zeitraum.

6.16 Vertragsbeendigung

Unter dieser Rubrik empfiehlt es sich, dass die Parteien klar regeln, welche Pflichten nach Beendigung des Franchisevertrages bestehen sollen.

Zu denken ist an Regelungen bezüglich der Rückgabe überlassener Gegenstände (so beispielsweise *„Systemhandbücher“;* der Vernichtung etwaiger Daten, so diese nicht aufgrund gesetzlicher Vorgaben vorgehalten werden müssen etc.

Fraglich ist, ob dem Franchisenehmer ein Handelsvertreterausgleichsanspruch in analoger Anwendung des § 89b HGB zusteht.

Gemäß vorbezeichneter Norm kann der Handelsvertreter kann von dem Unternehmer nach Beendigung des Vertragsverhältnisses einen angemessenen Ausgleich verlangen, wenn und soweit (1.) der Unternehmer aus der Geschäftsverbindung mit neuen Kunden, die der Handelsvertreter geworben hat, auch nach Beendigung des Vertragsverhältnisses erhebliche Vorteile hat und (2.) die Zahlung eines Ausgleichs unter Berücksichtigung aller Umstände, insbesondere der dem Handelsvertreter aus Geschäften mit diesen Kunden entgehenden Provisionen, der Billigkeit entspricht. Der Werbung eines neuen Kunden steht es gleich, wenn der Handelsvertreter die Geschäftsverbindung mit einem Kunden so wesentlich erweitert hat, dass dies wirtschaftlich der Werbung eines neuen Kunden entspricht.

Der Bundesgerichtshof hat die Frage, ob die Vorschriften des Handelsvertreterrechts auf einen Franchisevertrag entsprechend anwendbar sind, bislang nicht ausdrücklich entschieden. Für Vertragshändler wurde eine analoge Anwendung von § 89b HGB befürwortet, wenn sich das Rechtsverhältnis zwischen dem Vertragshändler und dem Hersteller oder Lieferanten nicht in einer bloßen Käufer-Verkäufer-Beziehung erschöpft, sondern der Vertragshändler in der Weise in die Absatzorganisation des Herstellers oder Lieferanten eingegliedert war, dass er wirtschaftlich in erheblichem Umfang dem Handelsvertreter vergleichbare Aufgaben zu erfüllen hatte, und der Vertragshändler außerdem verpflichtet ist, dem Hersteller oder Lieferanten seinen Kundenstamm zu übertragen, sodass sich dieser bei Vertragsende die Vorteile des Kundenstamms sofort und ohne weiteres nutzbar machen kann.

Der Franchisenehmer, der im eigenen Namen und für eigene Rechnung handelt, besorgt nach Ansicht des BGH – anders als der Handelsvertreter – mit der Werbung eines Kundenstamms primär ein eigenes, kein fremdes Geschäft. Daran soll sich nach dem BGH auch nichts ändern, dass Franchisenehmer im Außenverhältnis gegenüber den Kunden meist nicht unter eigenem Kennzeichen, sondern unter dem des Franchisesystems in Erscheinung treten. Ein vom Franchisenehmer geworbener, im Wesentlichen anonymer Kundenstamm sei nach Vertragsbeendigung nicht ohne weiteres für den Franchisegeber nutzbar. Die tatsächliche Möglichkeit für den Franchisegeber, einen solchen Kundenstamm nach Vertragsende zu nutzen, sei insbesondere dann eingeschränkt, wenn der Franchisenehmer am selben Standort – beispielsweise unter eigenem Kennzeichen – weiterhin ein Geschäft betreiben kann und von dieser Möglichkeit Gebrauch macht.

Stellt man auf diese Grundsätze ab, dürfte bei Franchiseverträgen in der Pflege die analoge Anwendbarkeit des § 89b HGB fraglich sein.

6.17 Franchisevertragsübertragung

Der Franchisegeber hat grundsätzlich ein vitales Interesse daran, dass die Leistungen seines Vertragspartners ordnungsgemäß erbracht werden. Überwiegend ist dieser vor Abschluss des Vertrages eingehend geprüft worden. Die Übertragung des Vertrages auf einen Dritten durch den Franchisenehmer würde dazu führen, dass sich der Franchisegeber mit einem für ihn neuen, nicht bekannten Vertragspartner auseinandersetzen müsste. Gerade weil der Ruf seines Franchisesystems eines der wesentlichen Geschäftsassets darstellt, ist es üblich Regelungen in den Vertrag aufzunehmen, dass eine Übertragung des Franchisevertrages auf einen neuen Franchisenehmer ausschließlich mit der Einwilligung (vorherige Zustimmung) des Franchisegebers erfolgen darf.

Nachdem es jedoch auch berechtigte Belange des Franchisenehmers an einer Übertragung des Vertrages geben und sich ein vollkommen freies sowie sachgrundloses Verweigerungsrecht ggf. als unwirksame Regelung darstellen könnte, empfiehlt es sich die Zustimmung unter das Ablehnungserfordernis eines Sachgrundes zu stellen. Solche könnten liegen in der fehlenden notwendigen fachlichen Qualifikation oder finanziellen Ausstattung des Übernehmers; dessen Einbindung in ein Konkurrenzunternehmen; Zweifel an der Zuverlässigkeit des Übernehmers; fehlende Eignung als Pflegeleitung im Sinne der Vorgaben des SGB XI etc.

6.18 Andienungsrecht/Vorkaufsrecht

Zwischen den Parteien des Franchisevertrages sollten Regelungen bezüglich des Verkaufes des Franchisebetriebes aufgenommen werden, und zwar sowohl für den Fall, dass der Franchisenehmer seinen Betrieb/Teilbetrieb im Wege eines Asset Deals als auch für den Fall, dass der Franchisenehmer die von ihm gehaltenen Geschäftsanteile im Wege eines Share Deals verkaufen möchte.

Je nach individuellen Wünschen der Vertragsparteien kann auf ein Andienungsrecht, ein Zustimmungsrecht, ein Vorkaufsrecht oder aber ein mehrstufiges Verfahren abgestellt werden.

Zunächst kommt in Betracht, ein sog. *„Andienungsrecht"* zu vereinbaren. Von einem solchen ist auszugehen, wenn der Verkaufsgegenstand (Anteile/Betrieb) vor jeglichen Angeboten an und Verhandlung mit Dritten zunächst dem Franchisegeber zum Kauf angeboten werden muss. Dieser hat dann die Möglichkeit, innerhalb einer bestimmten Zeit, nachdem ihm sämtlicher für eine Entscheidungsfindung relevanten Unterlagen zugänglich gemacht wurden, ein ihn bindendes schriftliches Angebot zu legen. Im Anschluss wird dem Franchisenehmer zeitlich befristet das Recht eingeräumt, das Angebot anzunehmen oder abzulehnen.

Sollte ein Andienungsrecht nicht vereinbart werden, so kann man auf ein Vorkaufsrecht rekurrieren. An dieser Stelle sollte der Franchisegeber jedoch auf eine für ihn unabdingbare Konstruktion abstellen.

Ein Vorkaufsrecht setzt den Abschluss eines entsprechenden Vertrages zwischen dem Franchisenehmer und dem erwerbenden Dritten voraus. Mit anderen Worten muss der Verkauf bereits stattgefunden haben. Der Franchisegeber als Vorkaufsberechtigter würde dann bei Ausübung des Vorkaufsrechtes in den Kaufvertrag mit den vereinbarten Konditionen eintreten (müssen). Wenn die wirtschaftlichen Rahmenbedingungen für ihn nicht als akzeptabel erscheinen und daher von dem Vorkaufsrecht kein Gebrauch gemacht werden würde, sähe sich der Franchisegeber mit einem ihm unbekannten Dritten als neuen Franchisenehmer konfrontiert. Daher sollten wie bei der Vertragsübertragung der Verkauf und die Übertragung an die Zustimmung des Franchisegebers gekoppelt sein, die wiederum nur aus wichtigem Grunde versagt werden kann.

6.19 Vollständigkeit

Die Parteien sollten eine Abrede aufnehmen, in welcher sie bestätigen, dass der Inhalt des Vertrages einschließlich sämtlicher Anlagen vollständig und zutreffend wiedergegeben wurde und sämtliche Vorabreden, Zusagen, Absichtserklärungen oder Korrespondenzen, seien es solche mündliche oder schriftliche Natur, mit Unterzeichnung des Vertrages ersatzlos aufgehoben werden und außer Kraft treten.

Insbesondere sollte der Franchisegeber darauf abheben, dass Unterlagen, Broschüren oder Präsentationen, die im Rahmen der Vertragsverhandlungen übergeben worden waren, nicht Bestandteil des Vertrages werden, sofern nicht ausdrücklich als Anlage beigeschlossen.

6.20 Schriftform

So das Gesetz keine zwingenden Formvorgaben enthält, bleibt es den Parteien unbenommen, auch mündliche Vereinbarungen zu treffen.

In der Praxis empfiehlt es sich jedoch jegliche Änderungen, Ergänzungen, Abmahnungen und Kündigungen des Franchisevertrages der Schriftformklausel zu unterwerfen, um späteren Beweisproblemen bei mündlichen Abreden keinen Vorschub zu leisten. Weiterhin sollte klargestellt werden, dass zur Wahrung der Schriftform die Textform gemäß § 126 b BGB (z. B. E-Mail) als ausdrücklich nicht ausreichend angesehen wird.

6.21 Geheimhaltung

In jedem Fall sollte der Franchisenehmer an dieser Stelle verpflichtet werden, alle ihm im Rahmen des Franchisesystems zugänglich gemachten Informationen, Unterlagen, Daten sowie das übermittelte Know-how (insbesondere das *„Systemhandbuch“*, Marketingstrategien etc.) streng vertraulich zu behandeln und ausschließlich zum Betrieb des Franchise-Standortes während der Vertragslaufzeit zu nutzen.

Beachtet werden sollte weitergehend, dass der Franchisenehmer sicherzustellen hat, dass auch seine Mitarbeiter oder andere Dritte, die bestimmungsgemäß mit den vertraulichen Informationen in Betracht kommen müssen, nur insoweit Zugang zu den vertraulichen Informationen erhalten, als dies für den Betrieb absolut notwendig ist.

Die Pflicht zur Geheimhaltung sollte sich dabei nicht nur auf die Vertragslaufzeit beschränken, sondern überdies für einen angemessenen Zeitraum nach Ablauf derselben.

Schlussendlich sollten die Parteien abstimmen, ob ein Verstoß gegen die Geheimhaltungsverpflichtung zudem vertragsstrafenbewehrt sein soll oder nicht.

6.22 Rechtswahl, Gerichtsstand

Die standardisierte Aufnahme eine Rechtswahlklausel macht wenig Sinn. Sollte ein Franchisevertrag durch zwei Gesellschaften deutschen Rechts für ein Gebiet innerhalb der Bundesrepublik Deutschland abgeschlossen werden, ist eine solche obsolet.

Von größerer Relevanz erweist sich jedoch die Vereinbarung eines Gerichtsstandes. Folgt man den grundsätzlichen Regelungen der Zivilprozessordnung, wird der allgemeine Gerichtsstand einer natürlichen Person durch ihren Wohnsitz; der einer juristischen Person durch ihren Sitz bestimmt. Demzufolge wäre ein Franchisegeber dazu gehalten, bei Streitigkeiten mit seinem Vertragspartner, die in einem Prozess münden, das dessen Wohnsitzgericht anzurufen, sofern nicht eine ausschließliche Gerichtsbarkeit oder Wahlgerichtsbarkeit begründet ist. Da es sich für den Franchisegeber anbietet, beispielsweise weil sich die ihn vertretenden Anwälte vor Ort befinden, das für ihn zuständige Gericht anzurufen, kann auf die Regelung in § § 38 Absatz 1 ZPO abgestellt werden. Ausweislich derselben wird ein an sich unzuständiges Gericht des ersten Rechtszuges durch ausdrückliche oder stillschweigende Vereinbarung der Parteien zuständig, wenn die Vertragsparteien Kaufleute, juristische Personen des öffentlichen Rechts oder öffentlich-rechtliche Sondervermögen sind.

6.23 Datenschutz

Es empfiehlt sich in den Franchisevertrag eine Regelung aufzunehmen, die sich mit der Verpflichtung beider Parteien auseinandersetzt, die jeweils geltenden datenschutzrechtlichen Bestimmungen, insbesondere die Bestimmungen der EU-Datenschutz-Grundverordnung (DSGVO) und des Bundesdatenschutzgesetzes (BDSG), einzuhalten.

Aufgrund der Komplexität wird an dieser Stelle nicht näher auf diesen Topos eingegangen.

6.24 Salvatorische Klausel

Ist ein Teil eines Rechtsgeschäfts nichtig, so ist gemäß § 139 BGB das ganze Rechtsgeschäft nichtig, wenn nicht anzunehmen ist, dass es auch ohne den nichtigen Teil vorgenommen sein würde. Daher bietet es sich an, diese gesetzliche Folge durch Einbindung einer salvatorischen Klausel quasi umzukehren und die Bestandskraft des Franchisevertrages auch bei fehlender Wirksamkeit einer Klause zu statuieren.

Üblicherweise stellt man darauf ab, dass für den Fall der gänzlichen oder partiellen (auch künftigen) Unwirksamkeit einzelner Bestimmungen des Vertrages oder einer Vertragslücke, die Gültigkeit der übrigen Bestimmungen nicht berührt wird. Anstelle der unwirksamen oder fehlenden Bestimmungen soll dann eine angemessene Regelung treten, die dem am nächsten kommt, was die Vertragsparteien wirtschaftlich gewollt haben oder nach dem Sinn und Zweck des Vertrages gewollt hätten, sofern sie diesen Punkt bedacht hätten.

Für den überwiegenden Fall des Vorliegens Allgemeiner Geschäftsbedingungen greift – bei dem Franchisenehmer handelt es sich um einen Unternehmer, sodass die restriktive Haltung des EuGH im Verbraucherrecht, die ein Rückfall auf dispositives Gesetzesrecht nicht ermöglicht, nicht zur Anwendung gelangen dürfte – ohnehin die Regelung des § 306 BGB. Sind danach Allgemeine Geschäftsbedingungen ganz oder teilweise nicht Vertragsbestandteil geworden oder unwirksam, so bleibt der Vertrag im Übrigen wirksam. Soweit die Bestimmungen nicht Vertragsbestandteil geworden oder unwirksam sind, richtet sich der Inhalt des Vertrags nach den gesetzlichen Vorschriften. Der Vertrag ist allerdings dann unwirksam, wenn das Festhalten an ihm auch unter Berücksichtigung der nach Absatz 2 vorgesehenen Änderung eine unzumutbare Härte für eine Vertragspartei darstellen würde

Was Sie aus diesem *essential* mitnehmen können

- Wer im Immobiliengeschäft tätig ist, wird in den meisten Fällen früher oder später mit der Assetklasse der *„Pflegeimmobilien“* in Kontakt kommen. Gerade Investoren, die langjährige Mietverträge mit Unternehmen in der Pflege eingehen, können sich einen Überblick über das Franchise verschaffen, falls der Mieter in ein Franchisesystem eingebunden ist.
- Im Gegensatz zu anderen Vertragsarten bestehen für den Franchisegeber bereits vor Abschluss des Franchisevertrages umfangreiche Informationspflichten gegenüber dem künftigen Franchisenehmer, dessen Nichtbeachtung gravierende Folgen nach sich ziehen können.
- Der Pflegemarkt ist durch eine Vielzahl gesetzlicher Vorgaben, so unter anderem der Bücher des SGB geprägt. Franchisenehmer und Franchisegeber sollten daher bei Abfassung der Franchiseverträge diese Besonderheiten im Auge behalten.
- Systemhandbücher und deren Fortschreibung bilden einen integralen Part von Franchiseverträgen, sodass die Parteien den hiermit im Kontext stehenden Regelungen erhöhtes Ausgenmerk schenken sollten.
- Die Parteien des Franchisevertrages sollten gerade bei Abfassung der Regelungen über die Franchisegebühren klare Festlegungen treffen, um nicht potenziellen Streitigkeiten und Weiterungen bei deren Abrechnung Vorschub zu leisten.

P. S. Przewieslik, *Franchise bei Pflegeimmobilien*, essentials,
https://doi.org/10.1007/978-3-658-51680-2

FSC
www.fsc.org
MIX
Papier | Fördert
gute Waldnutzung
FSC® C083411

Zeitfracht Medien GmbH
Ferdinand-Jühlke-Straße 7
99095 Erfurt, Deutschland
produktsicherheit@kolibri360.de